一月

1903年3月，张之洞(前右)与继任两江总督魏光焘(前左)和三江师范学堂等机构的官员合影

公历二〇二〇年·岁次庚子

一月一日

元旦

农历腊月初七

星期三

1903年，缪荃孙、柳诒徵等赴日本考察教育

公历二〇二〇年・岁次庚子

腊八

一月二日

农历腊月初八

星期四

李瑞清(1867—1920)
教育家　书画家

我国高校美术系科的创始人，其书法与同时代的曾农髯号称“南北二宗”，擅以“篆籀之气”行于北碑。

1893年恩科举人，1895年进士，授翰林院庶吉士。曾任江宁提学使、江宁布政使、学部侍郎，官居二品。

1905—1911年任两江师范学堂监督。

公历二〇二〇年·岁次庚子

一月

3

星期五

农历腊月初九

李瑞清肖像
张大千绘
1926年

清道人画像
张大千绘
1926年

公历二〇二〇年·岁次庚子

一月

4

农历腊月初十

星期六

李瑞清(右)等三人合影照

公历二〇二〇年·岁次庚子

一月

5

农历腊月十一

星期日

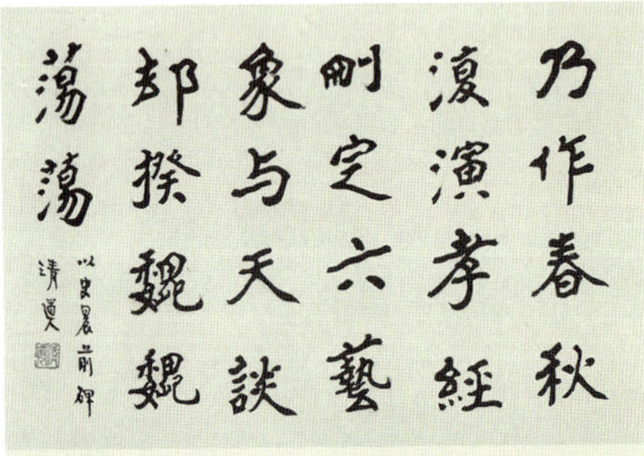

李瑞清的书法及绘画

公历二〇二〇年·岁次庚子

一月六日

小寒

农历腊月十二

星期一

王伯沆(1871—1944)
国学大师　红学家

1937年，南京沦陷前夕，王伯沆因病未随中央大学西迁，困居于南京。家里断粮，面对日伪方面的重金礼聘，王伯沆宁愿饿死也不任职，凡来游说者皆被他怒骂出去。王伯沆得知出殡的人在出城时要向日军停柩鞠躬，他在弥留之际特别嘱咐家人将棺木葬于后院，墓碑置于堂内。1944年9月25日，王伯沆先生因病辞世。

1945年8月18日，国民政府特发“国民政府令”对他予以表彰。1946年，中央大学迁回南京，为王伯沆举行了追悼会。

受业于钟山书院。

曾任两江师范学堂教习，南京高等师范学校国文主讲，东南大学、中央大学教授。

公历二〇二〇年·岁次庚子

一月

7

星期二

农历腊月十三

柳诒徵(1880—1956)
历史学家　古典文学家　图书馆学家　书法家
中国近现代史学先驱
中国文化学的奠基人
1948年当选为中央研究院院士

现代儒学宗师，所著《中国文化史》和《中国历史要义》影响深远。

17岁考中秀才，后就读于三江师范学堂。

曾任教于两江师范学堂、南京高等师范学校、东南大学、中央大学。

(注：本日历中提及的中央大学均为民国时期中央大学)

公历二〇二〇年·岁次庚子

一月

8

星期三

农历腊月十四

黄宾虹(1865—1955)
画家
山水画宗师

早年入金华丽正书院，安庆敬敷书院肄业。
受李瑞清邀请任教于两江师范学堂。

代表作品有《富春江图轴》《峨眉龙门峡》《松雪诗意图》《花卉四屏条》《设色山水图》等。

公历二〇二〇年·岁次庚子

一月

9

星期四

农历腊月十五

两江师范学堂一字房

公历二〇二〇年·岁次庚子

一月

10

农历腊月十六

星期五

两江师范学堂庆典

公历二〇二〇年·岁次庚子

11

一月

农历腊月十七

星期六

萧俊贤(1865—1949)
中国画家

高等学校中国画教学创始于两江师范学校，萧俊贤是中国近代高等美术教育先驱，培养了胡小石、吕凤子、张善孖、姜丹书、汪采白、胡佩衡等近六十位中国近代美术师资首批人才。其代表作品有《碧海青天图》《溪山无尽图》等。

早年师从苍崖法师、沈咏荪学画。中国近代高等美术教育先驱。

曾任教于两江师范学堂图画手工科、南京高等师范学校。

公历二〇二〇年・岁次庚子

12

一月

星期日

农历腊月十八

姚明辉(1881—1961)
地理学家　文史学家　国学家
两江师范学堂校长李瑞清派专人前往嘉定礼聘来南京两江师范学堂任教
《中国近三百年国界图志》《中国民族志》等著作为学界所称道

就读于上海求志书院、龙门书院、广方言馆。
1909年起任两江师范学堂地理部主任、教授。

公历二〇二〇年·岁次庚子

一月

13

农历腊月十九

星期一

两江师范学堂口字房

公历二〇二〇年·岁次庚子

一月

14

农历腊月二十

星期二

两江师范学堂学生金工实习

公历二〇二〇年·岁次庚子

15

一月

农历腊月廿一

星期三

两江师范学堂中日教习合影

公历二〇二〇年·岁次庚子

一月

16

农历腊月廿二

星期四

南京高等师范学校校门

公历二〇二〇年·岁次庚子

一月

17

农历腊月廿三

星期五

江谦(1876—1942)
教育家
中国近代教育事业的先驱

受业于南京文正书院，曾任该书院山长。因受张謇的赏识，任我国第一所民办师范学校——通州师范学堂堂长。

1914—1919年任南京高等师范学校校长。

公历二〇二〇年·岁次庚子

18

一月

农历腊月廿四

星期六

李叔同(1880—1942)
戏剧家　文学家　音乐家　书画家
中国近现代佛教史上最杰出的高僧之一

李叔同作曲、江谦作词的《南京高等师范学校校歌》，是南京大学历史上第一首校歌。

音乐作品《送别》《忆儿时》《梦》《西湖》等被广为传颂。

鲁迅评价其书法：“朴拙圆满，浑若天成。得李师手书，幸甚！”

早年就学于上海南洋公学。后赴日本东京上野美术学校学习西画和音乐。

1915年任南京高等师范学校音乐、图画教师。

公历二〇二〇年·岁次庚子

一月

19

农历腊月廿五

星期日

梅庵(1916年摄)

公历二〇二〇年·岁次庚子

一月二十日

大寒

星期一

农历腊月廿六

南京高等师范学校南高院

公历二〇二〇年·岁次庚子

21

一月

农历腊月廿七

星期二

杨杏佛(1893—1933)
经济学家

早年入唐山路矿学堂。后赴美国康奈尔大学和哈佛大学学习机械工程、工商管理和经济学。哈佛大学工商管理硕士。

曾任南京高等师范学校工科教授、主任，后任东南大学商科主任、工学院院长。

公历二〇二〇年·岁次庚子

一月

22

农历腊月廿八

星期三

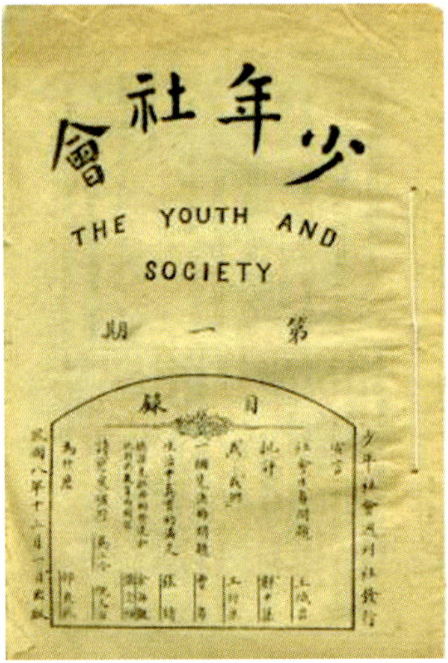

《少年社会》于1919年12月1日创刊，南京高等师范学校《少年社会》杂志社主办。以宣传“教育救国”为宗旨，影响深远。初为周刊，后改为月刊。1920年6月停刊。

公历二〇二〇年·岁次庚子

一月

23

农历腊月廿九

星期四

杨贤江(1895—1931)
我国最早的马克思主义教育家

毕业于浙江第一师范学校，其师李叔同手书“神聪”相赠，以示嘉勉。

曾任教于南京高等师范学校。

公历二〇二〇年·岁次庚子

一月廿四日

除夕

农历腊月三十

星期五

秉志(1886—1965)
动物学家
中国近代生物学的一代宗师
创建我国第一个生物学系
1948年当选为中央研究院院士
1955年被选聘为中国科学院学部委员

毕业于京师大学堂。美国康奈尔大学哲学博士。

曾任南京高等师范学校、东南大学、中央大学生物系教授。

公历二〇二〇年·岁次庚子

一月廿五日

春节

星期六

农历正月初一

郭秉文(1880—1969)
教育家

他所著的《中国教育制度沿革史》为我国首部教育制度史著作。力主开放“女禁”，并决定1920年暑期南京高等师范学校招收第一届女生，实行男女同学。

毕业于上海清心书院，哥伦比亚大学哲学博士。

参加南京高等师范学校筹建工作，并先后任南京高等师范学校教务主任、代理校长、校长，东南大学校长，创办东南大学分校——上海商科大学。

公历二〇二〇年·岁次庚子

26

一月

农历正月初二

星期日

梅光迪(1890—1945)
“学衡”派创始人　西洋文学家
《学衡》杂志创办人之一
中国首位留美文学博士

曾赴美国威斯康星大学、西北大学、哈佛大学学习，受业于美国著名新人文主义学者白璧德教授。

1920年任教于南京高等师范学校，1921年任东南大学西洋文学系主任，1927年任中央大学文学院代理院长。

公历二〇二〇年·岁次庚子

一月

27

农历正月初三

星期一

梅光迪(左)在美留学期间与杨杏佛(右)、朱经农(中)合影

公历二〇二〇年·岁次庚子

28

一月

农历正月初四

星期二

胡先骕(1894—1968)
生物学家　植物学家
中国植物分类学的奠基人
1948年当选为中央研究院院士

他与钱崇澍、邹秉文合编了我国第一部中文《高等植物学》。1922年与吴宓、梅光迪合办《学衡》杂志。

早年就读于京师大学堂预科。后赴美国加利福尼亚大学、哈佛大学学习农业和植物学，获农学士学位。1923年再次赴哈佛大学攻读植物分类学，获博士学位。

曾任南京高等师范学校农林专修科植物学教授、东南大学农科植物学教授兼生物学系主任。

公历二〇二〇年·岁次庚子

一月

29

农历正月初五

星期三

上海商务印书馆发行的“南京高等师范学校丛书”第四种《杜威教育哲学》书影

公历二〇二〇年·岁次庚子

30

一月

农历正月初六

星期四

熊庆来(1893—1969)
数学家
创办了国内大学第一个算学系
中国近代数学的先驱

他定义的“无穷数函数”，被国际上称为“熊氏无穷数”。1930年，他破格让只有初中文化程度的华罗庚进入清华大学。

早年就读于云南省高等学堂，1913年赴比利时学习采矿，因第一次世界大战爆发而转赴法国，先后在格伦诺布尔大学、巴黎大学、蒙柏里耶大学、马赛大学学习，获马赛大学理科硕士学位。

曾任教于南京高等师范学校和东南大学，创办算学系。

公历二〇二〇年·岁次庚子

一月

31

农历正月初七

星期五

竺可桢(1890—1974)
气象学家　地理学家
1948年当选为中央研究院院士
1955年被选聘为中国科学院学部委员
我国气象、地理学界的一代宗师

早年入唐山路矿学堂学习土木工程。后赴美国伊利诺伊大学农学院学习。哈佛大学气象学博士。

1920年起在南京高等师范学校文史部讲授地学，创建东南大学地学系并任系主任，中央大学地学系主任。

二月

陶行知(1891—1946)
教育家　思想家

被毛泽东和宋庆龄等称为“伟大的人民教育家”和“万世师表”。1926年发表《中华教育改进社改造全国乡村教育宣言》。1931年主编《儿童科学丛书》。

毕业于金陵大学。美国伊利诺伊大学政治学硕士，后转至哥伦比亚大学，师从杜威、孟禄、克伯屈等美国教育家。上海圣约翰大学荣誉科学博士。

曾任南京高等师范学校和东南大学教授、教务主任。

公历二〇二〇年·岁次庚子

二月

1

星期六

农历正月初八

胡刚复(1892—1966)
我国近代物理学事业奠基人之一

创建了中国第一个物理实验室，是“电位”“熵”等物理名词的最早定名者，被誉为“真正把物理学引进中国的第一人”。

上海震旦公学肄业。后赴美国哈佛大学物理系学习，获理学硕士、哲学博士学位。

曾任南京高等师范学校、东南大学教授、第四中山大学高等教育处处长、中央大学理学院院长。

公历二〇二〇年·岁次庚子

二月

2

星期日

农历正月初九

1920年，南京高等师范学校成为中国第一所招收女生的高等学校，图为首届男女同校八位女生的合影

公历二〇二〇年·岁次庚子

二月

3

星期一

农历正月初十

陈鹤琴(1892—1982)
儿童教育家
现代幼教开拓者

先后就读于上海圣约翰大学、清华学堂高等科。美国约翰斯·霍普金斯大学文学学士、哥伦比亚大学教育硕士。

曾任南京高等师范学校、东南大学教授，中央大学师范学院、南京大学师范学院院长。

公历二〇二〇年·岁次庚子

二月四日

立春

农历正月十一

星期二

1922年4月，南京高等师范学校文学研究会

公历二〇二〇年・岁次庚子

二月

5

农历正月十二

星期三

陆志韦(1894—1970)

语言学家　心理学家　音韵学家　教育家　诗人

1955年被选聘为中国科学院学部委员

他的《汉语构词法》是我国第一部全面系统地研究汉语词结构方式的专著。

毕业于东吴大学。美国芝加哥大学哲学博士。

曾任南京高等师范学校、东南大学心理学系教授。

公历二〇二〇年·岁次庚子

二月

6

星期四

农历正月十三

南京高等师范学校校友会第一次大会纪念留影

公历二〇二〇年·岁次庚子

二月

7

星期五

农历正月十四

东南大学校门

公历二〇二〇年·岁次庚子

二月八日

元宵节

农历正月十五

星期六

吴宓(1894—1978)
西洋文学家　诗人

学衡派代表人物，清华大学国学院创办人之一，与陈寅恪、汤用彤并称“哈佛三杰”。

早年就读于清华学校留美预备科。美国弗吉尼亚大学学士、哈佛大学硕士。师从新人文主义学者白璧德教授。

曾任东南大学文学院教授、《学衡》杂志总编辑。

公历二〇二〇年·岁次庚子

二月

9

星期日

农历正月十六

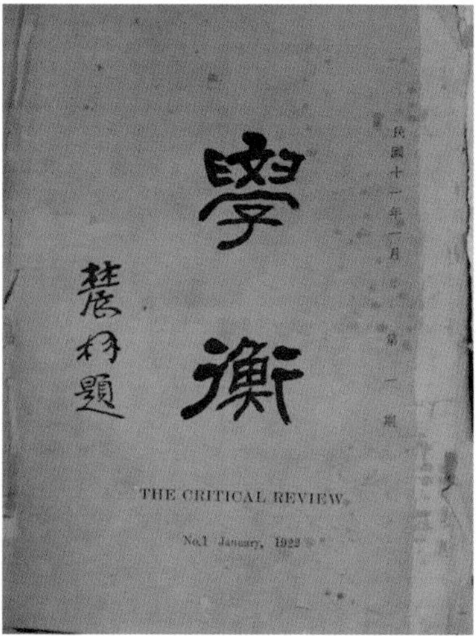

《学衡》书影

公历二〇二〇年·岁次庚子

二月

10

农历正月十七

星期一

东南大学生物实验室

公历二〇二〇年·岁次庚子

二月

11

农历正月十八

星期二

宗白华(1897—1986)
哲学家　美学大师　诗人

我国现代美学的先行者和开拓者，被誉为“融贯中西艺术理论的一代美学大师”。

毕业于同济大学。后入德国法兰克福大学、柏林大学学习美学及历史哲学。

曾任东南大学哲学系副教授、中央大学哲学系主任、南京大学教授。

公历二〇二〇年·岁次庚子

二月

12

农历正月十九

星期三

吴梅(1884—1939)
戏曲学家　近代词曲大师
学校戏曲音乐课的开拓者
吴梅与唐圭璋、王季思等同学建立“潜社”(词社)

少时开始填词作曲。1901年获县试第一名。
曾任东南大学、中央大学、金陵大学教授。

公历二〇二〇年·岁次庚子

13

二月

农历正月二十

星期四

楼光来(1895—1960)
英语文学家　语言学家　戏剧评论家
很少著述，同仁尊称他为“无字碑”

毕业于清华学堂。哈佛大学文学硕士。

曾任东南大学、金陵大学教授，中央大学文学院院长、外语系主任，南京大学外文系教授。

公历二〇二〇年·岁次庚子

14

二月

农历正月廿一

星期五

情人节

东南大学图书馆

公历二〇二〇年 · 岁次庚子

15

二月

农历正月廿二

星期六

茅以升(1896—1989)
土木工程学家　桥梁专家
1955年被选聘为中国科学院学部委员
1982年当选为美国国家科学院外籍院士

早年入江南商业学堂、交通部唐山工业专门学校。美国康奈尔大学硕士、“斐蒂士”金质研究奖章获得者，卡耐基理工学院工学博士。

曾任东南大学教授兼工科主任。

公历二〇二〇年·岁次庚子

二月

16

农历正月廿三

星期日

汤用彤(1893—1964)
哲学家
1948年当选为中央研究院院士
1956年任中国科学院学部委员

现代中国学术史上会通中西、接通华梵、熔铸古今的国学大师之一。他的《汉魏两晋南北朝佛教史》是国内外学术界公认的权威性经典著作。

毕业于清华学堂。美国哈佛大学哲学硕士。与吴宓、陈寅恪被誉为“哈佛三杰”。

曾任东南大学和中央大学哲学系教授、系主任。

公历二〇二〇年·岁次庚子

二月

17

农历正月廿四

星期一

东南大学科学馆

公历二〇二〇年·岁次庚子

二月

18

农历正月廿五

星期二

周鲠生(1889—1971)
法学家
我国现代国际法领域泰斗
起草中国第一部宪法的四位顾问之一

早年赴日本早稻田大学学习。后赴欧洲留学，英国爱丁堡大学博士、法国巴黎大学国际法学博士。

曾任东南大学教授。

公历二〇二〇年·岁次庚子

二月十九日

雨水

农历正月廿六

星期三

方东美(1899—1977)
哲学家　一代哲学宗师　诗人

他被誉为中国现代哲学思想史上的“东方诗哲”。夏威夷大学查理·摩尔教授认为其是当代“中国最伟大的哲学家”。日本著名禅学大师铃木大拙先生赞其哲学著述“冠绝一时，允称独步”。

毕业于金陵大学。在校期间任金陵大学学报《金陵光》总编辑。美国威斯康辛大学哲学硕士，并通过博士学位考试。

曾任东南大学、中央大学、金陵大学教授。

公历二〇二〇年·岁次庚子

二月

20

农历正月廿七

星期四

东南大学体育馆

公历二〇二〇年·岁次庚子

二月

21

农历正月廿八

星期五

叶企孙(1898—1977)
物理学家　教育家
我国近代物理学奠基人之一
1948年当选为中央研究院院士
1955年被选聘为中国科学院学部委员

创办了清华大学物理系、北京大学磁学专门组。1921年与人合作测定了普朗克常数值，被国际物理学界沿用16年之久。

毕业于清华学校。美国芝加哥大学理学学士，哈佛大学博士。

曾任东南大学物理系教授。

公历二〇二〇年·岁次庚子

二月

22

农历正月廿九

星期六

东南大学图书馆

公历二〇二〇年·岁次庚子

二月

23

农历二月初一

星期日

艾伟(1890—1955)
心理学家
1941年被教育部聘为部聘教授

创立中国测验学会，运用统计学理论测验教育心理，以求改进教育。首创我国教育心理研究所。

毕业于上海圣约翰大学。美国哥伦比亚大学心理学硕士，华盛顿大学哲学博士。

曾任东南大学、中央大学教授，中央大学教育学院和师范学院院长。

公历二〇二〇年・岁次庚子

二月

24

农历二月初二

星期一

东南大学梅庵前的六朝松

公历二〇二〇年·岁次庚子

二月

25

农历二月初三

星期二

商承祚(1902—1991)
古文字学家　金石篆刻家　书法家

早年师从罗振玉先生研习甲骨文、金文，后入北京大学研究所，为国学门研究生。

商承祚二十一岁出版《殷虚文字类编》，全书共分14卷，收字4184个。此书是我国最早的甲骨文字典之一。王国维曾赞曰："如锡永此书，可以传世矣。"

曾任教于东南大学。

公历二〇二〇年·岁次庚子

二月

26

农历二月初四

星期三

徐志摩、梁思成、林徽音等与印度诗人泰戈尔合影

公历二〇二〇年 · 岁次庚子

二月

27

农历二月初五

星期四

马寅初(1882—1982)
经济学家　教育家　人口学家
1948年当选为中央研究院院士
中国科学院学部委员

我国第一位留学美国并获经济学位的学者，被誉为当代“中国人口学第一人”。

毕业于天津北洋大学矿冶专业。美国耶鲁大学经济学硕士、哥伦比亚大学经济学博士。

曾协助创办东南大学商学院并任教授，后任中央大学、金陵大学经济学教授。

公历二〇二〇年・岁次庚子

二月

28

星期五

农历二月初六

东南大学体育系学生吴德懋1925年5月参加在菲律宾马尼拉举行的第七届远东运动会，获五项全能冠军，系本届运动会中国取得的唯一金牌。学校派代表去南京下关车站欢迎，赠“健儿身手”锦旗。

公历二〇二〇年·岁次庚子

三月

29

农历二月初七

星期六

金善宝(1895—1997)
农学家　中国农业教育家　小麦专家
中国现代小麦科学主要奠基人
1955年被选聘为中国科学院院士

毕业于南京高等师范学校农业专修科。任东南大学农事试验总场(南京江东门外大胜关)技术员。后修完东南大学农学院农学专业本科学业。

曾任中央大学农学院教授。

三月

郑万钧(1904—1983)
林学和树木学家
1955年被选为中国科学院生物学部委员
和胡先骕定名的水杉新种被认为是世界植物学界重大发现之一

早年就读于法国人办的职业学校和江苏省第一农校林科。后赴法国图卢兹大学森林研究所学习，获科学博士学位。

曾任东南大学树木学助理，中央大学教授、森林系主任，南京大学教授。

公历二〇二〇年 · 岁次庚子

三月

1

农历二月初八

星期日

商承祖(1899—1975)
德语语言文学家
著作《德国文学史》影响深远

留学于德国汉堡大学，民族学博士。

曾任东南大学外文系助教，中央大学文学院外文系讲师、教授、系主任，南京大学外文系教授、系主任。

公历二〇二〇年·岁次庚子

三月

2

农历二月初九

星期一

吴有训(1897—1977)
物理学家
1948年当选为中央研究院院士
1955年被选聘为中国科学院学部委员
中国开展近代物理学实验研究的先驱者之一

毕业于南京高等师范学校数理化部。美国芝加哥大学博士。

1926年任教于东南大学。1927年任第四中山大学理学院物理系副教授兼系主任。1945年任中央大学校长。

公历二〇二〇年·岁次庚子

三月

3

农历二月初十

星期二

陈中凡(1888—1982)
中国古典文学家

他的《中国文学批评史》是我国首部文学批评史。

毕业于两江师范学堂、北京大学。

曾任东南大学教授、国文系主任，金陵大学、南京大学教授。

公历二〇二〇年·岁次庚子

三月

4

农历二月十一

星期三

1927年，徐志摩在上海“妇女慰劳会”募捐义演时饰演《玉堂春》里的崇公道(王济远绘)

公历二〇二〇年·岁次庚子

三月五日

惊蛰

农历二月十二

星期四

赵忠尧(1902—1998)
物理学家
1948年当选为中央研究院院士
1955年被选聘为中国科学院学部委员
中国核物理研究的开拓者之一

主持建成了中国第一台质子静电加速器，是世界上首位准确预测正负电子对撞结果的科学家。

毕业于南京高等师范学校。美国加州理工学院博士。

曾任东南大学助教、中央大学教授。

公历二〇二〇年·岁次庚子

三月

6

星期五

农历二月十三

再现王西亭“畜禽西迁”事迹的文创笔记本

王西亭(1901—1982)
教师

1937年南京沦陷前夕，王西亭和教职工们赶着中央大学从国外引进的荷兰牛、澳洲马、英国猪、美国火鸡等教学科研和畜禽改良的稀缺品种从农学院畜牧场出发，这支400余米的“动物大军”历经五省，跋山涉水，风餐露宿，历尽千辛万苦，于1938年11月西迁重庆。

毕业于东南大学农学院畜牧系。

1927年担任东南大学农科成贤牧场技术员，1931年起任中央大学农学院教师、畜牧兽医兼场长。

公历二〇二〇年·岁次庚子

三月

7

农历二月十四

星期六

汪辟疆(1887—1966)
文学史家　目录学家　文学家

他的《光宣诗坛点将录》《近代诗人述评》均为近代诗学的重要著作。

毕业于京师大学堂。
曾任第四中山大学、中央大学、南京大学教授。

公历二〇二〇年·岁次庚子

三月

8

农历二月十五

星期日

妇女节

童第周(1902—1979)
生物学家
我国实验胚胎学的主要创始人

毕业于复旦大学。比利时比京大学(今布鲁塞尔大学)博士。

曾任教于第四中山大学自然科学院生物系、中央大学理学院动物系、中央大学医学院。

公历二〇二〇年·岁次庚子

三月

9

星期一

农历二月十六

蔡翘(1897—1990)
医学家　生理学家　医学教育家
中国生理科学奠基人之一
1948年当选为中央研究院院士
1955年被选聘为中国科学院学部委员

他首先发现视觉与眼球运动功能的中枢部位——顶盖前核(称蔡氏区)。编著中国首部大学生理学教科书。

就读于北京大学中文系。后赴美国加利福尼亚大学、印第安纳大学、哥伦比亚大学学习。芝加哥大学博士。

曾任第四中山大学医学院副教授、中央大学医学院教授、中央大学医学院代理院长、南京大学医学院院长。

公历二〇二〇年·岁次庚子

三月

10

农历二月十七

星期二

严济慈(1901—1996)
物理学家　教育家
中国物理学会创建者之一
中国现代物理学研究工作的创始人之一
中国光学研究和光学仪器研制工作的奠基人之一
1948年当选为中央研究院院士
1955年被选聘为中国科学院学部委员

毕业于南京高等师范学校数理化部，因修满规定的学分，同时获得东南大学物理系理学学士学位(东南大学第一届唯一的毕业生)。后赴法国巴黎大学学习，1925年获数理硕士学位，1927年获法国国家科学博士学位。

曾任第四中山大学物理、数学教授。

公历二〇二〇年·岁次庚子

三月

11

农历二月十八

星期三

汪东(1890—1963)
文学家　书法家

他师从章太炎习文字学，与黄侃、钱玄同、吴承仕同为“章门四弟子”。为中央大学校歌作词。

早年就读于上海震旦大学。1905年入日本早稻田大学预科，后入哲学馆学习。

曾任第四中山大学教授、中文系主任，中央大学教授、文学院院长。

公历二〇二〇年·岁次庚子

三月

12

农历二月十九

星期四

植树节

第四中山大学旧影

公历二〇二〇年·岁次庚子

三月

13

农历二月二十

星期五

刘敦桢(1897—1968)
建筑学家　建筑史学家
1955年被选聘为中国科学院学部委员

中国建筑教育及中国古建筑研究的开拓者之一，创办了第一所国人经营的建筑师事务所。

毕业于日本东京高等工业学校，获学士学位。中国营造学社成员。

曾筹设第四中山大学工学院建筑系，后任中央大学建筑系教授、工学院院长，南京大学建筑系教授。

公历二〇二〇年·岁次庚子

14

三月

农历二月廿一

星期六

闻一多(1899—1946)
诗人　文学家

1912年考入北京清华留美预备学校。1922年赴芝加哥美术学院学习，次年转入科罗拉多大学美术系。

1927年任第四中山大学教授、外国文学系主任。

公历二〇二〇年·岁次庚子

三月

15

农历二月廿二

星期日

张乃燕(1894—1958)
教育家　化学家　史学家
1922年在上海接待爱因斯坦

东吴大学肄业，后赴英国伯明翰大学、伦敦皇家理工大学学习，瑞士日内瓦大学理学博士。

曾任中央大学校长。

公历二〇二〇年·岁次庚子

16

三月

农历二月廿三

星期一

1929年2月，柳诒徵50岁生日时与弟子合影。前排左起：范耕研、王焕镳、景幼南、全文晟、柳诒徵、陈训慈、周雁石、郑鹤声、谢焕文；后排左起：柳屺生、钱坤新、袁鹏程、缪凤林、张其昀、沈思屿、许文玉

公历二〇二〇年·岁次庚子

三月

17

农历二月廿四

星期二

朱家骅(1893—1963)
教育家　科学家　政治家

早年入同济德文医学校，曾留学于德国柏林矿科大学、柏林工科大学，瑞士伯尔尼大学、沮利克大学、苏黎世大学，专攻地质，获柏林大学哲学博士学位。

1930—1931年任中央大学校长。

公历二〇二〇年·岁次庚子

三月

18

农历二月廿五

星期三

张其昀(1900—1985)
历史学家　人文地理学家
早年为南高史地学派和学衡派的重要成员
中国现代人文地理学的开创者
历史地理学鼻祖

毕业于南京高等师范学校。
曾任教于中央大学地理学系。

公历二〇二〇年·岁次庚子

三月

19

农历二月廿六

星期四

徐悲鸿(1895—1953)
美术教育家　画家

他的传世画作甚多，其中中国画《奔马》影响深远。代表作品有《愚公移山图》《八骏图》《珍妮小姐画像》《负伤之狮》等。

早年入震旦大学，后赴日本研究美术。1919年赴法国巴黎国立美术学校学习油画、素描，受教于擅长历史题材创作的弗拉芒格先生，并常常求教于艺术大师达仰。

曾任中央大学艺术系教授、系主任。

公历二〇二〇年 · 岁次庚子

春分

三月二十日

星期五

农历二月廿七

中央大学校舍

公历二〇二〇年 · 岁次庚子

三月

21

农历二月廿八

星期六

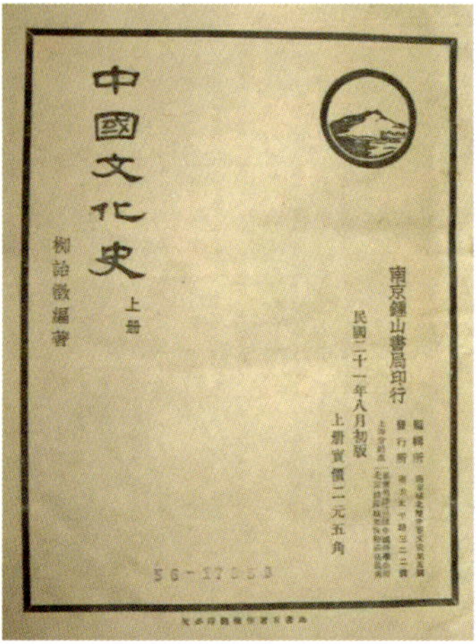

20世纪30年代，南京钟山书局印行柳诒徵著《中国文化史》；该书原为柳诒徵在南京高等师范学校授课时的讲稿，此稿由吴宓在《学衡》连载；胡适认为此书乃“中国文化史的开山之作”。

公历二〇二〇年·岁次庚子

三月

22

农历二月廿九

星期日

中央大学校园内的梅庵

公历二〇二〇年·岁次庚子

三月

23

农历二月三十

星期一

黄国璋(1896—1966)
地理学家、教育家
20世纪30年代，中国地理学界曾有“南胡(胡焕庸)北黄(黄国璋)”之说

1919年长沙雅礼大学毕业。1926—1928年于美国耶鲁大学、芝加哥大学攻读研究生。历任北平师范大学地理系教授、主任，西北联合大学训导长、地理系主任，中国地学会副会长兼总干事，九三学社常务理事兼总干事。

曾任中央大学地理系教授。

公历二〇二〇年·岁次庚子

三月

24

农历三月初一

星期二

中央大学教习房

公历二〇二〇年·岁次庚子

三月

25

农历三月初二

星期三

梁希(1883—1958)
林学家
近代林学和林业杰出的开拓者之一

15岁考中秀才，有“两浙才子”之美称。早年就读于浙杭武备学堂，后赴日本士官学校、东京帝国大学农学部林科学习。1923年赴德国德累斯顿萨克逊森林学院研究林产化学。

曾任中央大学农学院教授、南京大学校务委员会主席。

公历二〇二〇年·岁次庚子

三月

26

农历三月初三

星期四

1930年，中央大学艺术系女生合影

公历二〇二〇年·岁次庚子

27

三月

农历三月初四

星期五

中央大学生物馆之一

公历二〇二〇年·岁次庚子

三月

28

农历三月初五

星期六

中央大学生物馆之二

公历二〇二〇年·岁次庚子

三月

29

农历三月初六

星期日

张钰哲(1902—1986)
天文学家
1955年被选聘为中国科学院学部委员

早年就读于清华留美预备学校。后赴美国康奈尔大学建筑系、芝加哥大学天文系学习，获天文学博士学位。

曾任中央大学物理系、南京大学天文学系教授。

公历二〇二〇年・岁次庚子

30

三月

星期一

农历三月初七

朱希祖(1879—1944)
历史学家
精于南朝梁史及南明史

17岁中秀才。早年留学于日本早稻田大学。曾任中央大学教授、历史系主任。

公历二〇二〇年·岁次庚子

31

三月

农历三月初八

星期二

徐志摩(1897—1931)
诗人　文学家
新月派主要成员
《志摩的诗》《猛虎集》《云游集》影响深远

早年在上海沪江大学、北京大学读书。美国克拉克大学学士，获一等荣誉奖。哥伦比亚大学文学硕士。后求学于英国伦敦政治经济学院、剑桥大学国王学院。

曾任中央大学教授。

四月

孙本文(1892—1979)
社会学家
有“中国社会学界的泰斗”之誉
所著《社会心理学》这部典籍在学界至今仍属扛鼎之作

毕业于北京大学哲学系。美国伊利诺伊大学硕士，纽约大学社会学博士。

曾任中央大学、南京大学教授。

公历二〇二〇年·岁次庚子

四月

1

农历三月初九

星期三

吕凤子(1886—1959)

画家　美术教育家　中国美术理论家

15岁中秀才，毕业于两江师范学堂图画手工科，师从著名美术家、书法家李瑞清。

曾任中央大学艺术系教授、国画组主任。

代表作品有《罗汉》《仕女》和“凤体”书法等。

公历二〇二〇年・岁次庚子

四月

2

农历三月初十

星期四

中央大学第一届毕业生合影

公历二〇二〇年·岁次庚子

四月

3

农历三月十一

星期五

欧阳翥(1898—1954)
生物学家　神经解剖学家　国学家
被称为“横跨人文艺术与科学两个领域的大师级人物”

1936年，在德国发表《人脑之种族问题》，科学地论证了黄种人和白种人的大脑并无显著差异，驳斥了西方种族主义学者诋毁黄种人脑结构和功能不如白种人的谬论。

毕业于东南大学生物学系。后赴法国巴黎大学研究神经解剖学，再入德国柏林大学攻读动物学、神经解剖学和人类学，德国柏林大学哲学博士。

曾任中央大学、南京大学生物系教授。

公历二〇二〇年·岁次庚子

四月四日

清明

农历三月十二

星期六

中央大学大礼堂

公历二〇二〇年·岁次庚子

5

四月

星期日

农历三月十三

中央大学大礼堂内景

公历二〇二〇年·岁次庚子

6

四月

农历三月十四

星期一

马思聪(1912—1987)
音乐教育家　小提琴家　作曲家
中国第一代小提琴音乐作曲家与演奏家
在中国近现代音乐史上占有重要地位

先后于法国南锡音乐学院、巴黎音乐学院学习小提琴。

曾在中央大学教育学院音乐系任教。

代表作品有《思乡曲》《第一回旋曲》《摇篮曲》《西藏音诗》《塞外舞曲》等。

公历二〇二〇年·岁次庚子

四月

7

农历三月十五

星期二

中央大学大礼堂施工现场

公历二〇二〇年·岁次庚子

四月

8

农历三月十六

星期三

雷海宗(1902—1962)
历史学家

他的《世界上古史讲义》被列为教育部指定教材。

毕业于清华学校高等科。美国芝加哥大学博士。

曾任中央大学史学系副教授、教授、系主任，兼任金陵大学历史系教授、金陵大学中国文化研究所研究员。

公历二〇二〇年·岁次庚子

四月

9

农历三月十七

星期四

中央大学梅庵

公历二〇二〇年·岁次庚子

四月

10

农历三月十八

星期五

陈嘉(1907—1986)
英语语言文学家
著作《英国文学史》影响深远

毕业于清华大学。美国威斯康星大学学士，哈佛大学文学硕士，耶鲁大学文学博士。

曾任中央大学外文系教授，南京大学外国语言文学系教授、主任、名誉主任，外国文学研究所所长。

公历二〇二〇年·岁次庚子

四月

11

星期六

农历三月十九

中央大学医学院

公历二〇二〇年·岁次庚子

四月

12

农历三月二十

星期日

庄长恭(1894—1962)
有机化学家　教育家
中国有机化学研究的先驱者
有机微量分析的奠基人
1948年当选为中央研究院院士
1955年被选聘为中国科学院学部委员

就读于北京大学化学系。美国芝加哥大学博士。曾任中央大学理学院院长、教授。

公历二〇二〇年·岁次庚子

四月

13

农历三月廿一

星期一

罗家伦(1897—1969)
教育家　思想家　社会活动家
第一次提出“五四运动”这个名词

1914年入上海复旦公学学习，1917年入北京大学外文系。1920年起于美国普林斯顿大学、哥伦比亚大学、英国伦敦大学、德国柏林大学、法国巴黎大学学习。

1932年任中央大学校长。

公历二〇二〇年·岁次庚子

四月

14

农历三月廿二

星期二

李四光(1889—1971)
地层学家　古生物学家　大地构造学家
中国地质力学的创始人
1955年被选聘为中国科学院学部委员

早年赴日本东京宏文学院、大阪高等工业学校学习。英国伯明翰大学自然科学博士。

1932年任中央大学代校长，1937年任中央大学理学院地质系名誉教授。

公历二〇二〇年·岁次庚子

四月

15

农历三月廿三

星期三

范存忠(1903—1987)
英语语言文学家

撰写了我国第一部《英国文学史纲要》。

毕业于东南大学外语系。美国伊利诺伊大学文学硕士，哈佛大学哲学博士。

曾任中央大学外语系教授、文学院院长，南京大学外语系教授，南京大学副校长。

公历二〇二〇年·岁次庚子

16

四月

农历三月廿四

星期四

中央大学梅庵前的六朝松

公历二〇二〇年·岁次庚子

四月

17

农历三月廿五

星期五

曾昭抡(1899—1967)
化学家
1948年当选为中央研究院院士
1955年被选聘为中国科学院学部委员

毕业于清华留美预备学校。美国麻省理工学院科学博士。

曾任中央大学化学系教授。

公历二〇二〇年·岁次庚子

四月

18

农历三月廿六

星期六

张书旂(1900—1957)

张书旂得知抗日爱国名将张自忠将军在枣宜会战中壮烈牺牲，决定以张自忠的名义建立“国防奖学基金”。遂在重庆举办个人画展并义卖200余幅作品，所募资金用于培养国防科技人才。代表作品有《雄鹰》《云霄一羽》《松枝双鹤》《世界和平的信使》(又称《百鸽图》)等。

毕业于上海美术专科学校，师从艺术教育家吕凤子先生。

曾任中央大学艺术系教授。

公历二〇二〇年·岁次庚子

谷雨

四月十九日

农历三月廿七

星期日

中央大学孟芳图书馆

公历二〇二〇年·岁次庚子

四月

20

农历三月廿八

星期一

陈之佛(1896—1962)
美术教育家　画家　工艺美术家

他的著作《图案构成法》《西洋美术概论》《西洋绘画史》影响深远。代表作品有《和平之春图》《雪雁》《飞雪迎春》《梅花鹦鹉》等。

毕业于浙江省工业专门学校染织科机织专业。后赴日本东京美术学校工艺图案科学习。

曾任中央大学艺术系教授、代理艺术系主任，南京大学艺术系教授。

公历二〇二〇年・岁次庚子

四月

21

农历三月廿九

星期二

方光焘(1898—1964)
语言学家　作家　文艺评论家　文学翻译家
中国科学院学部委员

早年赴日本留学，后赴法国里昂大学攻读语言学。曾任中央大学、南京大学中文系教授。

公历二〇二〇年·岁次庚子

22

四月

农历三月三十

星期三

顾颉刚(1893—1980)
历史学家　民俗学家

现代历史地理学和民俗学的开拓者、奠基人。提出“层累地造成的中国古史”观，引起古史大辩论。

毕业于北京大学。
曾任中央大学教授。

公历二〇二〇年·岁次庚子

四月

23

农历四月初一

星期四

缪凤林(1899—1959)
历史学家

毕业于南京高等师范学校国文史地部。创刊《史学杂志》。

曾任中央大学文学院历史学系教授、系主任，金陵大学文理学院历史系教授，南京大学历史学系教授。

公历二〇二〇年·岁次庚子

四月

24

农历四月初二

星期五

张大千(1899—1983)
画家

被誉为“当今最负盛名之国画大师”，代表作品有《爱痕湖》《长江万里图》《四屏大荷花》《八屏西园雅集》等。

少随母亲习画。1917年赴日本京都公平学校学习染织，课余时间自学绘画、篆刻。后拜李瑞清、曾熙为师学习诗文书画。因故于松江禅定寺出家三月，法名大千。

1933年、1935年两次受聘为中央大学艺术系教授。

公历二〇二〇年·岁次庚子

25

四月

星期六

农历四月初三

张大千赴法国访问毕加索庄园时合影

公历二〇二〇年 · 岁次庚子

四月

26

农历四月初四

星期日

郭斌龢(1900—1987)，即郭斌和
希腊语言文学家　英语语言文学家

他的译著《柏拉图五大对话集》《柏拉图理想国》影响深远。

早年就读于南京高等师范学校，后转入香港大学文科，随沃姆师习希腊文。美国哈佛大学硕士，牛津大学研究院研究员，香港大学教育学会会长。

曾任中央大学外文系、南京大学外文系教授。

公历二〇二〇年·岁次庚子

四月

27

农历四月初五

星期一

1935年，中央大学的部分师生合影，左一为潘玉良

公历二〇二〇年·岁次庚子

四月

28

农历四月初六

星期二

黄侃(1886—1935)

音韵学家　古典文学家

黄侃的脾气大、性格怪，学界谓之“黄疯子”

少年入湖北普通学堂。后由张之洞推荐留学日本，师事章太炎，为章氏门下大弟子。

曾任中央大学、金陵大学教授。

公历二〇二〇年·岁次庚子

四月

29

农历四月初七

星期三

中央大学农学院大门

公历二〇二〇年·岁次庚子

30

四月

农历四月初八

星期四

郑集(1900—2010)
中国营养学的奠基人
中国生物化学的开拓者之一

目前所知他为世界最长寿教授和世界最高龄作家(110岁)。

毕业于中央大学生物系。美国俄亥俄州立大学硕士、印第安纳大学博士。

曾任中央大学医学院生化科教授，中央大学教授会主席，金陵大学教授，南京大学医学院、生物系教授，南京大学学术委员会委员。

五月

高济宇(1902—2000)
有机化学家
中国科学院院士

早年就读于河南留学欧美预备学校、唐山交通大学土木工程系。美国华盛顿州立大学学士、伊利诺伊大学博士。

曾任中央大学化学系主任、理学院院长、教务长，南京大学理学院院长、教务长、副院长，南京大学副校长、校自然科学学术委员会主任委员、学位评定委员会主席。

公历二〇二〇年·岁次庚子

五月

1

农历四月初九

星期五

国际劳动节

中央大学外文系第一届毕业生在玄武湖

公历二〇二〇年·岁次庚子

五月

2

农历四月初十

星期六

胡焕庸(1901—1998)
地理学家　地理教育家
我国近代人文地理学、自然地理学的重要奠基人

毕业于南京高等师范学校文史地部。1926年与寒门学子集资赴欧留学，在法国巴黎大学和法兰西学院学习人文地理与自然地理，师从法国人文地理学家白吕纳(Jean Brunhes)等名师。

曾任中央大学地学系教授、地理系主任，中央大学研究院地理学部主任，中央大学教务长。

公历二〇二〇年·岁次庚子

五月

3

农历四月十一

星期日

施士元(1908—2007)
物理学家
我国最早从事核物理研究者之一

他是诺贝尔奖获得者居里夫人为中国培养的唯一物理学博士。25岁时受聘为中央大学物理系教授，成为全国高校中最年轻的教授。

毕业于清华大学物理系。法国巴黎大学科学博士。
曾任中央大学物理系、南京大学物理系教授。

公历二〇二〇年·岁次庚子

五月

4

农历四月十二

星期二

五四青年节

唐圭璋(1901—1990)
词学家　文学家

毕业于东南大学中文系，师从吴梅。
曾任中央大学、金陵大学中文系教授。

公历二〇二〇年・岁次庚子

五月五日

立夏

农历四月十三

星期二

中央大学法学院政治学系师生合影

公历二〇二〇年 · 岁次庚子

五月

6

星期三

农历四月十四

中央大学学生器乐四重奏演出

公历二〇二〇年·岁次庚子

五月

7

农历四月十五

星期四

傅抱石(1904—1965)
画家　中国美术史论家　山水画大师
创造山水画皴法——抱石皴

毕业于日本东京帝国美术学校，师从美术史家金原省吾。

曾任中央大学艺术系教授。

代表作品有《待细把江山图画》《丽人行》《九歌图——湘夫人》《江山如此多娇》(与关山月合作)等。

公历二〇二〇年·岁次庚子

五月

8

星期五

农历四月十六

中央大学罗家伦校长(左)和获得万米冠军的学生合影

公历二〇二〇年·岁次庚子

五月

9

星期六

农历四月十七

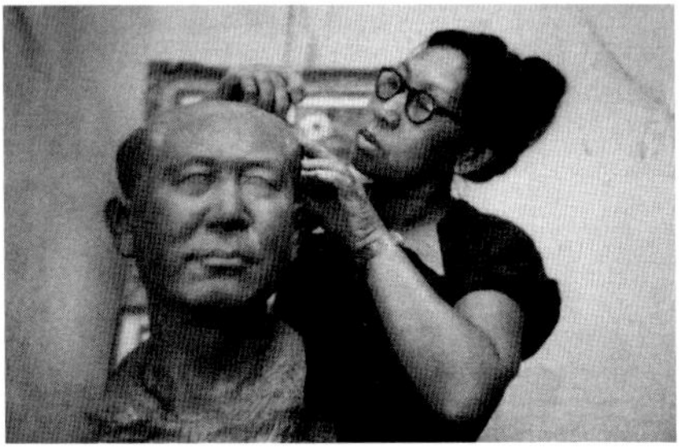

潘玉良(1895—1977)
画家　雕塑家

早年求学于上海美术专门学校。后赴法国里昂中法大学、里昂国立美术专门学校、巴黎国立美术学院以及意大利罗马国立美术学院学习。

曾任中央大学艺术系教授。被誉为“中国第一个女西画家”。

代表作有《自画像》《菊花和女人体》《浴女》《瓶花》《月夜琴声》等。

公历二〇二〇年·岁次庚子

五月

10

农历四月十八

星期日

母亲节

吴作人(1908—1997)
画家

1985年荣获法国艺术与文学最高勋章，是我国获此荣誉的第一人。

就读于上海艺术大学美术系、中央大学艺术系，师从徐悲鸿先生。后赴法国巴黎高等美术学校、比利时布鲁塞尔皇家美术学院学习。

任教于中央大学艺术系。

代表作品有《齐白石像》《三门峡》等。

公历二〇二〇年 · 岁次庚子

五月

11

农历四月十九

星期一

郭廷以(1904—1975)
历史学家
1959年首创口述历史工作

毕业于东南大学历史系。
曾任中央大学教授、历史系主任及训导长。

公历二〇二〇年・岁次庚子

五月

12

农历四月二十

星期二

韩德培(1911—2009)
法学家
我国国际私法领域泰斗

毕业于中央大学法律系。加拿大多伦多大学硕士，后赴美国哈佛大学法学院学习。武汉大学法学院教授。

公历二〇二〇年·岁次庚子

五月

13

农历四月廿一

星期三

1936年，中央大学艺术系教授徐悲鸿、张书旂及学生摄于人体写生教室

公历二〇二〇年·岁次庚子

五月

14

农历四月廿二

星期四

童寯(1900—1983)
建筑学家　建筑教育家
中国近代造园理论研究的开拓者

代表作品有南京原国民政府外交部大楼、水晶台地质矿产陈列馆、首都饭店，上海恒利银行、大上海大戏院，贵州省儿童图书馆，四川资中酒精厂等。

毕业于清华学校高等科。美国宾夕法尼亚大学建筑学硕士。

曾任教于中央大学建筑系、南京大学建筑系。

公历二〇二〇年·岁次庚子

15

五月

农历四月廿三

星期五

顾毓琇(1902—2002)

教育家　科学家　诗人　戏剧家　音乐家　佛学家

毕业于清华学校。美国麻省理工学院科学博士。

曾任中央大学工学院院长，1944—1945年任中央大学校长，金陵大学兼职教授，南京大学名誉教授。

公历二〇二〇年·岁次庚子

16

五月

农历四月廿四

星期六

谢冠生(1897—1971)
法学家

毕业于上海震旦大学，巴黎大学法学博士。

曾任中央大学教授、法律系主任、法学院院长，中央大学《半日刊》编委会委员之一。

公历二〇二〇年·岁次庚子

17

五月

星期日

农历四月廿五

钱端升(1900—1990)
政治学家

毕业于清华留美预备学校。后赴美国北达科他州立大学、哈佛大学研究院留学，哈佛大学博士。

曾任中央大学教授。

公历二〇二〇年·岁次庚子

18

五月

农历四月廿六

星期一

蔡旭(1911—1985)
农学家　农业教育家
中国小麦杂交育种的开拓者
中国小麦育种工作的奠基人之一
1980年当选为中国科学院学部委员

毕业于中央大学。
曾任教于中央大学。

公历二〇二〇年·岁次庚子

五月

19

农历四月廿七

星期二

关露(1907—1982)

曾用名胡寿华。1928年考入中央大学中文系学习，后转入哲学系。

20世纪30年代著名作家，有“女诗人关露”之称。与潘柳黛、张爱玲、苏青并称为“民国四大才女”。曾任《新诗歌》月刊编辑，为《春天里》(电影《十字街头》主题曲)作词。

1932年，关露正式加入中国共产党。1939年受中共地下党派遣到汪伪特工总部“76号”策反特务头子李士群，后又到日本大使馆与海军报道部合办的《女声》月刊任编辑。被称为“红色间谍”，功勋卓著。

公历二〇二〇年·岁次庚子

五月二十日

小满

农历四月廿八

星期三

南京大学校庆日

罗尔纲(1901—1997)
历史学家　训诂学家　晚清兵志学家
太平天国史研究一代宗师

毕业于中国公学大学部，后随胡适学习考据学。曾任中央大学、南京大学教授。

公历二〇二〇年・岁次庚子

五月

21

农历四月廿九

星期四

蒋孟引(1907—1988)
历史学家

他主编的《英国史》改写了中国高校英国史教学外国教材垄断的历史。

毕业于中央大学。英国伦敦大学哲学博士。

曾任中央大学教授、历史系主任，南京大学历史学系教授、副系主任。

公历二〇二〇年·岁次庚子

五月

22

农历四月三十

星期五

任美锷(1913—2008)

自然地理学与海岸科学家、地貌学家、海洋地质学家

1980年当选为中国科学院学部委员

1986年荣获维多利亚奖章(英国皇家地理学会最高荣誉奖章，国际地理学的最高奖章之一)，是获得该奖章的第一位中国人

毕业于中央大学地理系。由李四光教授推荐赴英国格拉斯哥大学地理系留学，1939年获博士学位。应竺可桢邀请任教于浙江大学史地系。后任复旦大学教授兼史地系主任。历任中国地理学会总干事，中国地理学会、中国海洋学会名誉理事长。

曾任中央大学地理系教授，南京大学教授、地理系主任。

公历二〇二〇年·岁次庚子

23

五月

农历闰四月初一

星期六

1938年，中央大学抗敌画会战地写生团一行四人在河南潢川前线合影

公历二〇二〇年 • 岁次庚子

24

五月

农历闰四月初二

星期日

1938年，中央大学森林系师生在重庆歌乐山考察

公历二〇二〇年·岁次庚子

25

五月

农历闰四月初三

星期一

中央大学地质系成立及李宇洁先生任教十年庆祝会

公历二〇二〇年·岁次庚子

五月

26

农历闰四月初四

星期二

百鸽图　355.6厘米×162.5厘米　张书旂作　1940年

1940年春，中央大学艺术系教授张书旂受国民政府外交部和中央大学的委托创作中国画《世界和平的信使》(又称《百鸽图》)，赠予罗斯福，祝贺他第三次当选美国总统，并希望美国能够尽快加入国际反法西斯斗争的行列。罗斯福将此画精心装裱后挂于白宫，现存罗斯福图书馆。被誉为“首幅进入美国白宫的大型中国画”。

《世界和平的信使》以鸽子和橄榄枝象征和平。此画绘于重庆沙坪坝松林坡简陋低矮的平房中，当时日军飞机正疯狂轰炸重庆，可谓在硝烟中完成。蒋介石题写“信义和平”四字。罗家伦题诗：“拨乱犹于不世功，平章正义范群雄。会看寰宇休兵日，信使联翩绕白宫。”1940年12月23日，中央大学校长罗家伦主持了赠画仪式。

公历二〇二〇年·岁次庚子

五月

27

农历闰四月初五

星期三

1940年，中央大学艺术系师生合照于重庆，前排左起为傅抱石、徐悲鸿等

公历二〇二〇年·岁次庚子

五月

28

农历闰四月初六

星期四

中央大学历史系1941级同学在重庆沙坪坝松林坡合影

公历二〇二〇年·岁次庚子

五月

29

农历闰四月初七

星期五

1942年，中央大学艺术系宋步云(左)、徐悲鸿(中)、黄君璧(右)在会议室留影

公历二〇二〇年·岁次庚子

30

五月

农历闰四月初八

星期六

1942年中央大学艺术系师生欢迎徐悲鸿返校合影

公历二〇二〇年·岁次庚子

五月

31

农历闰四月初九

星期日

1942年6至8月期间，中央大学艺术系学生为英国驻华大使馆新闻处创作《胜利版画》(英国驻华大使馆新闻处编辑发行，助理编辑梅健鹰)，共出版3期。

六月

徐风　青苗少女之一　中国画　1943年

1943年夏，中央大学艺术系毕业生徐风在贵阳举办个人画展，展出三日，有三万余人观展，《中央日报》连续以大篇幅报道了此次画展盛况。

公历二〇二〇年·岁次庚子

六月

1

农历闰四月初十

星期一

国际儿童节

韩儒林(1903—1983)
历史学家
精于蒙元史和西北民族史研究
著作《穹庐集》《元朝史》在国内外影响深远

毕业于北京大学哲学系。先后在比利时鲁汶大学、法国巴黎大学、德国柏林大学留学，师从法国著名汉学家伯希和。

曾任中央大学历史系教授、边疆政治系主任，南京大学历史系教授、系主任。

公历二〇二〇年 · 岁次庚子

六月

2

农历闰四月十一

星期二

1944年，中央大学艺术系学生李斛创作的中国画《战火中的难民》参加了在重庆举办的全国美展

公历二〇二〇年·岁次庚子

六月

3

农历闰四月十二

星期三

王德宝(1918—2002)
生物化学家
1980年当选为中国科学院学部委员

他是中国生产核苷酸类助鲜剂的创始人，领导并参加了世界上首次人工合成具有生物活力的酵母丙氨酸转移核糖核酸的研究。

毕业于中央大学。美国华盛顿大学硕士、凯斯西储大学博士。

曾任教于中央大学。

公历二〇二〇年·岁次庚子

六月

4

星期四

农历闰四月十三

张威廉(1902—2004)
德语语言文学家

中央大学德文专业创办人之一。1984年民主德国古典文学研究总局授予他“歌德奖章”。1988年德国总统魏茨泽克授予他“德意志联邦共和国大十字勋章”。

早年入同济医工学校德语科学习。毕业于北京大学德国文学系。

曾任中央大学外文系副教授，南京大学德语系教授、德语教研室主任。

公历二〇二〇年·岁次庚子

六月五日

芒种

星期五

农历闰四月十四

力夫木刻作品《中国战时大学》所呈现的重庆沙坪坝中央大学校舍

公历二〇二〇年 · 岁次庚子

六月

6

农历闰四月十五

星期六

贺昌群(1903—1973)
历史学家
在宋元戏曲、中西交通史、敦煌学、简帛学等领域研究精深

早年入沪江大学，后考入上海商务印书馆编译所，1930年东渡日本。

曾任中央大学、南京大学历史系教授。

公历二〇二〇年 · 岁次庚子

六月

7

星期日

农历闰四月十六

1944年，中央大学学生自治会编印的《国立中央大学概况》书影

公历二〇二〇年·岁次庚子

六月

8

农历闰四月十七

星期一

白寿彝(1909—2000)
历史学家

他所著的《中国交通史》是国内第一本有关中国古代交通发展的历史学说。

燕京大学国学研究所哲学史硕士。
曾任中央大学教授。

公历二〇二〇年·岁次庚子

六月

9

星期二

农历闰四月十八

赵九章(1907—1968)
气象学家　地球物理学家　空间物理学家
1955年被选聘为中国科学院学部委员
中国动力气象学的创始人
中国人造卫星事业的倡导者和奠基人之一

毕业于清华大学物理系。德国柏林大学博士。
曾任中央大学理学院气象系教授。

公历二〇二〇年·岁次庚子

六月

10

星期三

农历闰四月十九

重庆沙坪坝中央大学大礼堂

公历二〇二〇年·岁次庚子

六月

11

星期四

农历闰四月二十

朱德群(1920—2014)
第一位华裔法兰西学院艺术院院士
享誉世界的抽象绘画大师

被东西方评论家誉为“用油画画出了中国水墨画精神的大师”

代表作有《永恒》《永存的刹那》等。
毕业于杭州艺专。
曾任教于中央大学工学院建筑系。

公历二〇二〇年·岁次庚子

六月

12

农历闰四月廿一

星期五

朱德群《闪烁》　油画　2006年

公历二〇二〇年·岁次庚子

六月

13

农历闰四月廿二

星期六

20世纪40年代，中央大学艺术系梅健鹰等同学组织出版的《现实版画》(出版5期)，同时在沙坪坝开办“木刻研究班”

公历二〇二〇年·岁次庚子

六月

14

农历闰四月廿三

星期日

何如(1909—1989)
法语语言文学家　翻译家
曾获法国教育部颁发的“棕榈奖章”
被法国总统密特朗誉为“把毛主席的诗词译成法文的第一人”

早年于唐山交通大学读预科。法国巴黎大学硕士。曾任中央大学、南京大学教授。

公历二〇二〇年·岁次庚子

六月

15

农历闰四月廿四

星期一

抗战时期，中央大学在重庆沙坪坝的校园

公历二〇二〇年·岁次庚子

六月

16

农历闰四月廿五

星期二

张世禄(1902—?)
语言学家
所著《中国音韵学史》影响深远
1958年任《辞海》语词分科主编

毕业于东南大学。
曾任中央大学、南京大学教授。

公历二〇二〇年·岁次庚子

六月

17

农历闰四月廿六

星期三

叶君健(1914—1999)
作家　翻译家　儿童文学家

他创办了中国第一个大型对外文学刊物《中国文学》。翻译的《安徒生童话全集》影响中国几代读者。丹麦女王曾隆重授予叶君健“丹麦国旗勋章”，这是全世界《安徒生童话》众多译者中唯一获此殊荣的，也是安徒生与叶君健作为作者与译者，因一部作品获得同样勋章的唯一先例。

毕业于武汉大学外文系。
任教于中央大学。

公历二〇二〇年·岁次庚子

六月

18

农历闰四月廿七

星期四

抗战期间中央大学建筑系部分同学在重庆沙坪坝设计教室内上课

公历二〇二〇年·岁次庚子

六月

19

农历闰四月廿八

星期五

黄汲清(1904—1995)
构造地质学家　地层学家　石油地质学家
1955年被聘为中国科学院学部委员

早年在北洋大学预科学习。毕业于北京大学地质系。后赴瑞士伯尔尼大学、瑞士浓霞台大学学习，获理学博士学位。

曾任中央大学理学院地质系教授。

公历二〇二〇年·岁次庚子

六月

20

农历闰四月廿九

星期六

1945年元旦，中央大学新闻社合影于重庆沙坪坝

公历二〇二〇年 · 岁次庚子

六月二十一日

夏至

农历五月初一

星期日

父亲节

抗战时期，中央大学西迁至重庆沙坪坝

公历二〇二〇年·岁次庚子

六月

22

农历五月初二

星期一

沙坪坝——中央大学旧址

公历二〇二〇年 • 岁次庚子

六月

23

农历五月初三

星期二

杨廷宝(1901—1982)
建筑学家
1955年被选聘为中国科学院学部委员

代表作品有南京中央体育场、南京中山陵园音乐台、重庆嘉陵新村国际联欢社、京奉铁路沈阳总站等。

早年就读于河南留学欧美预备学校、北京清华留美预备学校，美国宾夕法尼亚大学硕士。

曾任中央大学建筑系教授，南京大学建筑系教授、系主任。

公历二〇二〇年·岁次庚子

六月

24

农历五月初四

星期三

《胜利版画》刊登的中央大学艺术系学生梅健鹰的木刻作品《争取最后胜利》

公历二〇二〇年·岁次庚子

六月二十五日

端午节

星期四

农历五月初五

中央大学嘉陵歌咏团

公历二〇二〇年·岁次庚子

六月

26

星期五

农历五月初六

位于重庆松林坡的中央大学校舍

公历二〇二〇年·岁次庚子

六月

27

农历五月初七

星期六

國立中央大學准考證

第 76 號
姓名 孫宗慰

考生須知

一、每次試驗必須攜帶此證入場如有遺失即不能入場與試

二、試驗時應將此證置於案頭以便監試員隨時查驗

三、考生注意證後試場規則如有違犯照章辦理

四、考期內遇有特要事件應親向招生事務所主任接洽

孙宗慰报考中央大学时的准考证

公历二〇二〇年·岁次庚子

六月

28

农历五月初八

星期日

洪诚(1910—1980)
经学家　语言学家

毕业于中央大学。
曾任教于中央大学和南京大学中文系。

公历二〇二〇年·岁次庚子

六月

29

农历五月初九

星期一

李剑晨(1900—2002)
画家、美术教育家
被誉为“中国水彩画之父”“中国水彩画的开山大师”

他于20世纪50年代著的《水彩画技法》成为美术青年必读书，影响几代人，该书在香港再版12次。他的作品被中国美术馆以及美国、日本、印度尼西亚等国家的博物馆、展览馆收藏。河南博物院设立李剑晨艺术馆。代表作品有《东海风云》《宁静的小巷》《龙门石窟》等。

早年就读于北平艺术专门学校西画系，1937年留学于英国伦敦大学，后又赴法国研习绘画与雕塑。

曾任中央大学、南京大学建筑系教授。

公历二〇二〇年·岁次庚子

六月

30

农历五月初十

星期二

李剑晨《青岛之晨》　水彩

七月

陈白尘(1908—1994)
剧作家

创作的历史剧《大风歌》获全国戏剧创作、演出两项一等奖。代表作品有《恭喜发财》《魔窟》《乱世男女》《后方小喜剧》《结婚进行曲》《升官图》《岁寒图》等。

早年考取上海文科专科学校，后转上海艺术大学、南国艺术学院，随田汉参加“南国社”。

曾任教于中央大学、南京大学。

公历二〇二〇年·岁次庚子

七月

1

农历五月十一

星期三

建党节

1945年，中央大学拳击队于重庆沙坪坝

公历二〇二〇年·岁次庚子

七月

2

农历五月十二

星期四

王铁崖(1913—2003)
法学家
世界国际法研究院100多年来第一位入选的中国院士
中国当代国际法学领域的泰斗
著作《领事裁判权制度》《租借地问题》影响深远

先后求学于复旦大学、清华大学，于清华大学研究院获得国际法学硕士学位。1937年赴英国伦敦政治经济学院留学，成为国际法学家劳特派特先生的高徒。

曾任中央大学法学院教授。

公历二〇二〇年·岁次庚子

七月

3

星期五

农历五月十三

黄君璧(1898—1991)
画家　教育家

早年毕业于广东公学。
曾任中央大学艺术系教授。

代表作品有《溪山瀑雨图》《老树隐水湾》《瀑落云中》《风正一帆悬》《秋山红树图》等。

公历二〇二〇年 · 岁次庚子

七月

4

农历五月十四

星期六

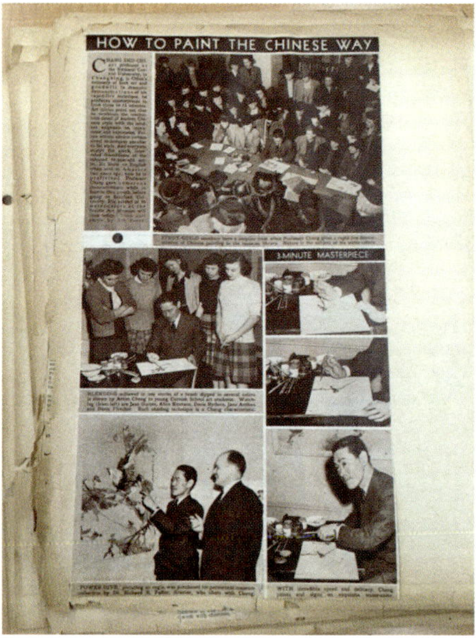

美国媒体对中央大学艺术系教授张书旂画展现场活动的报道

公历二〇二〇年・岁次庚子

七月

5

农历五月十五

星期日

1945年在重庆盘溪，背景为中国美术学院(原石家花园)，左起廖静文、徐悲鸿、张葳(张安治长女)、周千秋、张安治、张苏予、宗其香等。

公历二〇二〇年·岁次庚子

七月六日

小暑

农历五月十六

星期一

1946年，农业教育家、中国现代小麦科学主要奠基人、中央大学农艺系教授金善宝和毕业班同学合影于重庆沙坪坝

公历二〇二〇年·岁次庚子

七月

7

星期二

农历五月十七

中央大学体育馆

公历二〇二〇年·岁次庚子

七月

8

星期三

农历五月十八

中央大学实验民众学校第一届毕业典礼合影

公历二〇二〇年·岁次庚子

七月

9

星期四

农历五月十九

罗根泽(1900—1960)
文史学家
古史辨派代表之一
中国文学批评史奠基人之一

先后就读于清华大学研究院国学门、燕京大学国学研究所。

曾任中央大学、南京大学中文系教授。

公历二〇二〇年·岁次庚子

七月

10

农历五月二十

星期五

潘玉良与朋友们在法国巴黎

公历二〇二〇年 • 岁次庚子

七月

11

农历五月廿一

星期六

1946年年初，中央大学学生参加“一·二五”爱国民主大游行

公历二〇二〇年·岁次庚子

12

七月

农历五月廿二

星期日

中央大学大礼堂

公历二〇二〇年·岁次庚子

七月

13

农历五月廿三

星期一

俞大絪(1905—1966)
英语语言学家

毕业于沪江大学。英国牛津大学文学硕士。后赴法国巴黎大学、美国哈佛大学进修。

曾任中央大学英文系教授。

公历二〇二〇年·岁次庚子

14

七月

农历五月廿四

星期二

中央大学校门

公历二〇二〇年·岁次庚子

七月

15

农历五月廿五

星期三

陈瘦竹(1909—1990)
作家　戏剧评论家

他编著的《现代剧作家散论》具有重要学术价值。

毕业于武汉大学外文系。
曾任中央大学中文系教授，南京大学中文系教授、系主任。

公历二〇二〇年·岁次庚子

七月

16

农历五月廿六

星期四

中央大学校园

公历二〇二〇年·岁次庚子

七月

17

农历五月廿七

星期五

中央大学校徽

公历二〇二〇年·岁次庚子

18

七月

农历五月廿八

星期六

國立中央大學音樂教室
Music Hall,
The National Central University,
Nanking, China.

中央大学音乐教室

公历二〇二〇年・岁次庚子

19

七月

农历五月廿九

星期日

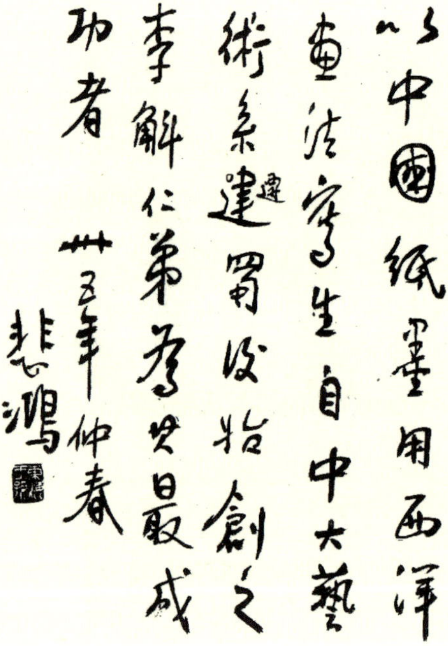

徐悲鸿手书：“以中国纸墨用西洋画法写生，自中大艺术系建(迁)蜀后始创之，李斛仁弟为其最成功者。卅五年仲春　悲鸿”

公历二〇二〇年·岁次庚子

七月

20

农历五月三十

星期一

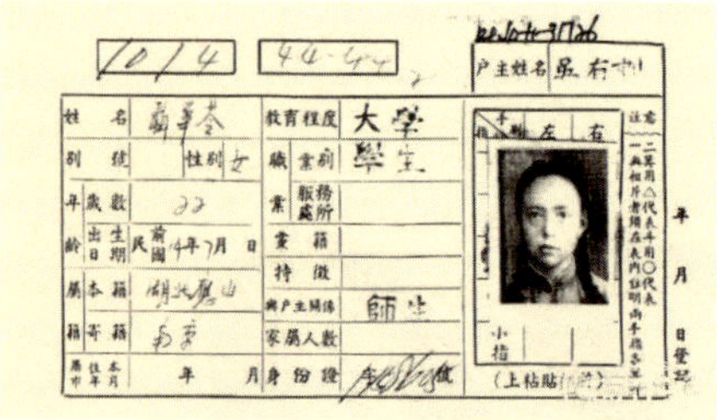
1014　44-44
户主姓名
姓名　聂华苓
别号
性别　女
年龄　岁数　22
出生日期　民国　14年7月　日
籍　本籍　湖北应山
寄籍　南京
年月
教育程度　大学
职业　业别　學生
服务处所
业籍
特征
与户主关系　師生
家属人数
身份证
左　右
小指
(上粘贴
年
月
日登记

聂华苓就读中央大学外文系时的户籍卡

1946年，聂华苓等中央大学学生

公历二〇二〇年·岁次庚子

七月

21

农历六月初一

星期二

1947年春，王少陵应国民政府教育部邀请在国立中央大学举办个人画展，并被聘为国立中央大学艺术系教授。

公历二〇二〇年・岁次庚子

七月二十二日

大暑

星期三

农历六月初二

1947年吴作人在英国举办画展，著名艺术家斯宾塞与中央大学艺术系校友张安治、张蒨英、费城武、陈晓南以及中华民国驻英大使郑天锡等友人合影

公历二〇二〇年·岁次庚子

七月

23

农历六月初三

星期四

1947年毕业于中央大学建筑系的张良皋(开车者)在昆明炮兵训练中心期间，中央大学一对同学情侣前往探营时留影

公历二〇二〇年·岁次庚子

七月

24

农历六月初四

星期五

中央大学1947届建筑系部分毕业同学在校园留影(因本届毕业生一共18人，故戏称“十八罗汉”)

公历二〇二〇年·岁次庚子

25

七月

农历六月初五

星期六

施汝为(1901—1983)
物理学家
1955年被选聘为中国科学院学部委员
中国近代磁学研究与磁学教育的奠基人之一
建立了中国第一个磁学研究实验室
发表了中国第一篇近代磁学研究论文

1920年，考入南京高等师范学校，受教于叶企孙先生。1925年，毕业于国立东南大学物理系，任教于清华大学。1931年获美国伊利诺伊州立大学硕士学位，1934年获耶鲁大学物理学博士学位。曾任国立中央研究院物理研究所研究员、中国科学院物理研究所所长。

曾任中央大学理学院物理系教授。

公历二〇二〇年·岁次庚子

26

七月

农历六月初六

星期日

人民的南大

南京大學從創立到現在已經有三十七年的歷史。自一九四九年四月解放後，它正式回到人民祖國的懷抱，跨上光輝的建設道路。本月廿二日是它的兩週年校慶，全校師生員工都以無比的熱烈歡迎這一光榮的日子。

1949年8月8日，国立中央大学更名为国立南京大学

公历二〇二〇年·岁次庚子

27

七月

农历六月初七

星期一

金陵大学前身汇文书院大门

公历二〇二〇年 · 岁次庚子

七月

28

农历六月初八

星期二

福开森(J.C.Ferguson，1866—1944)
教育家、文物专家、慈善家、社会活动家

1934年，福开森将毕生所藏中国古代艺术精品捐赠金陵大学。

加拿大安大略省人，1886年毕业于美国波士顿大学，获文学学士学位，1902年获博士学位。

1888年于南京干河沿创办汇文书院，并任首任院长。

公历二〇二〇年·岁次庚子

七月

29

农历六月初九

星期三

汇文书院钟楼

公历二〇二〇年·岁次庚子

七月

30

农历六月初十

星期四

包文(A.J.Bowen，1873—1944)
教育家

重视中国传统文化教育，推动设立国文系，并将国文列为必修课，金陵大学成为中国教会学校国文教育的先行者。

主张中国人的教育应当由中国人主持，在他的推动下，金陵大学校长陈裕光成为国内教会大学第一位中国人校长。

推动金陵大学在美国立案，金陵大学毕业生可同时获颁纽约大学学位文凭，可以直升国外有关大学并获得学位。金陵大学还与美国康奈尔大学结为姊妹大学。

金陵大学在当时被称为“中国最好的教会大学”。

美国人，毕业于讷克司大学文学系。

1907—1927年任汇文书院院长、金陵大学校长。

公历二〇二〇年·岁次庚子

31

七月

农历六月十一

星期五

金陵大学创办人文怀恩博士(Dr. John Elias Williams, 1871—1927)

八月

金陵大学名牌

公历二〇二〇年·岁次庚子

八月

1

农历六月十二

星期六

建军节

金陵大学杂志《金陵光》(*The University of Nanking Magazine*)的编辑部成员

该刊创办于1909年，初期为全英文刊物，后改为中英文合刊，终刊于1930年。

公历二〇二〇年·岁次庚子

八月

2

农历六月十三

星期日

1910年，美国教会合并汇文书院、宏育书院，成立金陵大学堂，大学部校址仍在干河沿汇文书院内，中学与医院则设于鼓楼

公历二〇二〇年·岁次庚子

八月

3

农历六月十四

星期一

裴义理(Joseph Bailie，1860—1935)
教育家

1914年，他创办金陵大学农科，为中国高等农业教育的开始。1915年，在中国倡导成立植树节。发起和组织在南京紫金山大规模垦荒造林。

加拿大籍美国人。毕业于贝尔法斯特大学，后到美国专攻神学。

曾任金陵大学教授、农科科长、农林科科长。

公历二〇二〇年·岁次庚子

八月

4

农历六月十五

星期二

金陵大学西大楼

公历二〇二〇年·岁次庚子

八月

5

农历六月十六

星期三

金陵大学北大楼

公历二〇二〇年·岁次庚子

八月

6

星期四

农历六月十七

刘伯明(1887—1923)
哲学家　教育家
中国现代哲学的先驱
中国现代人文主义的先驱

学衡派的代表人物之一，通儒、道、佛学，精于英文，通法文、德文、希腊文、梵文。

早年受业于章太炎，南京汇文书院毕业。留学日本期间任日本留学生青年会干事，美国西北大学博士。

曾任金陵大学国文部主任，南京高等师范学校训育部主任、史地部主任，东南大学文理科主任、哲学教授，东南大学代理校长。

公历二〇二〇年·岁次庚子

立秋

八月七日

农历六月十八

星期五

陈恭禄(1900—1966)
历史学家
所著《日本全史》《印度通史大纲》填补了当时高等教育教学参考书的空白

毕业于金陵大学历史系。
曾任金陵大学、南京大学教授。

公历二〇二〇年·岁次庚子

八月

8

星期六

农历六月十九

远眺金陵大学校园

公历二〇二〇年·岁次庚子

八月

9

农历六月二十

星期日

章之汶(1900—1982)
农业教育家　农学家

毕业于金陵大学农学院，美国康奈尔大学硕士。曾任金陵大学农学院院长。

公历二〇二〇年・岁次庚子

八月

10

农历六月廿一

星期一

金陵大学大礼堂

公历二〇二〇年·岁次庚子

八月

11

农历六月廿二

星期二

刘国钧(1899—1980)
图书馆学家　目录学家

毕业于金陵大学哲学系。美国威斯康星大学哲学博士。

曾任金陵大学教授、图书馆馆长、文学院院长。

公历二〇二〇年·岁次庚子

八月

12

农历六月廿三

星期三

北大楼旧影

公历二〇二〇年·岁次庚子

八月

13

农历六月廿四

星期四

胡小石(1888—1962)
中国古典文学家　国学大师
文字学家　文史学家　书法家
精于甲骨、钟鼎、诗词、音韵、书法及古物鉴别

毕业于两江师范学堂。

曾任金陵大学教授，中央大学中文系教授、文学院院长，南京大学中文系教授、文学院院长，南京大学图书馆馆长。

公历二〇二〇年·岁次庚子

八月

14

农历六月廿五

星期五

金陵大学校门前旧影

公历二〇二〇年·岁次庚子

八月

15

农历六月廿六

星期六

李小缘(1897—1959)
图书馆学家　目录学家
中国近代图书馆运动的倡导人之一
中华图书馆协会创始人之一

他筹建的金陵大学图书馆学系是我国最早的图书馆学系之一。出版了第一份全国性图书馆刊物《图书馆学学刊》。

毕业于金陵大学。美国哥伦比亚大学教育社会学硕士。

曾任金陵大学图书馆馆长兼图书馆学系教授、系主任，金陵大学中国文化研究所研究员、所长兼史学部主任，南京大学图书馆副馆长。

公历二〇二〇年·岁次庚子

八月

16

农历六月廿七

星期日

金陵大学学生宿舍

公历二〇二〇年·岁次庚子

17

八月

农历六月廿八

星期一

20世纪20年代初，金陵大学学生在操场踢足球

公历二〇二〇年·岁次庚子

18

八月

农历六月廿九

星期二

戴安邦(1901—1999)
无机化学家　教育家
中国配位化学的奠基者

毕业于金陵大学。美国哥伦比亚大学博士。

曾任金陵大学理学院院长、化学系教授、系主任，南京大学化学系教授、系主任，南京大学配位化学研究所所长，南京大学学术委员会副主任委员。

公历二〇二〇年·岁次庚子

19

八月

农历七月初一

星期三

金陵大学的幻灯片教学

公历二〇二〇年·岁次庚子

八月

20

农历七月初二

星期四

金陵大学陈裕光校长在“纪念陶行知论坛”上发言

公历二〇二〇年·岁次庚子

八月

21

农历七月初三

星期五

金陵大学视听中心

公历二〇二〇年·岁次庚子

八月二十二日

处暑

星期六

农历七月初四

金陵大学首届农业工程专业本科毕业师生合影(前排中为林查理教授)

公历二〇二〇年·岁次庚子

23

八月

农历七月初五

星期日

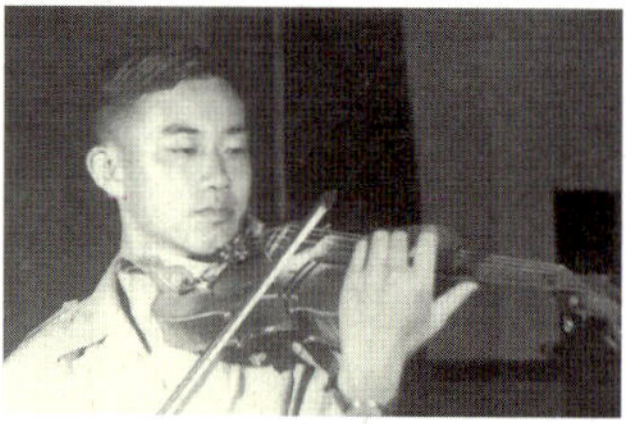

多才多艺的金陵大学学生

公历二〇二〇年·岁次庚子

八月

24

农历七月初六

星期一

金陵大学毕业典礼

公历二〇二〇年·岁次庚子

八月二十五日

七夕节

星期二

农历七月初七

金陵大学校庆大合唱

公历二〇二〇年·岁次庚子

八月

26

农历七月初八

星期三

金陵大学图书馆阅览室内读书的学生们

公历二〇二〇年·岁次庚子

27

八月

农历七月初九

星期四

金陵大学理学院建成中国高校最早的电影教室

公历二〇二〇年·岁次庚子

八月

28

农历七月初十

星期五

20世纪20年代，金陵大学毕业典礼

公历二〇二〇年·岁次庚子

八月

29

农历七月十一

星期六

1923年秋金陵大学演说竞进会优胜队

九月

金陵大学校徽

公历二〇二〇年·岁次庚子

1

九月

农历七月十四

星期二

金陵大学学生校园生活——乘马车去远足

公历二〇二〇年·岁次庚子

九月二日

农历七月十五

中元节

星期三

金陵大学大礼堂

公历二〇二〇年·岁次庚子

九月

3

农历七月十六

星期四

金陵大学毕业生

公历二〇二〇年·岁次庚子

九月

4

农历七月十七

星期五

金陵大学东大楼

公历二〇二〇年·岁次庚子

5

九月

农历七月十八

星期六

孙明经(1911—1992)
教育家
中国电影教育先驱
中国电视事业的拓荒者

毕业于金陵大学物理系。
曾任金陵大学理学院教授、影音部主任。

公历二〇二〇年·岁次庚子

九月

6

星期日

农历七月十九

金陵大学农学院农经系院庆

公历二〇二〇年·岁次庚子

九月七日

农历七月二十

白露

星期一

金陵大学东大楼西南角平地为校园电影专用放映场地，图中依稀可以看到挂银幕的木杆

公历二〇二〇年·岁次庚子

九月

8

星期二

农历七月廿一

金陵大学农学院短训班学生实习

公历二〇二〇年 · 岁次庚子

九月

9

农历七月廿二

星期三

20世纪30年代金陵大学女生在校门前合影

公历二〇二〇年·岁次庚子

九月

10

农历七月廿三

星期四

教师节

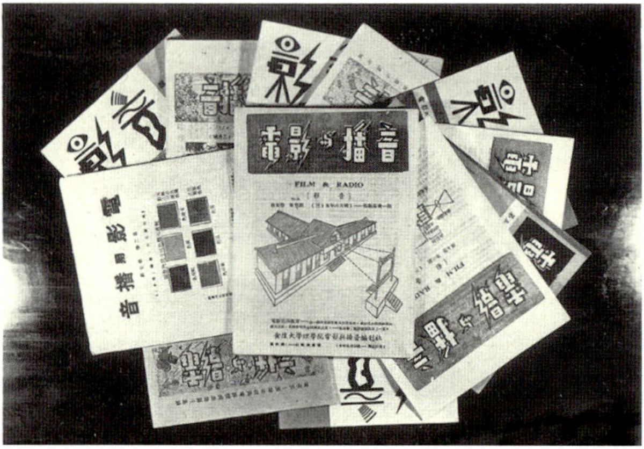

金陵大学编辑出版的《电影与播音》(后改为《影音》)杂志

公历二〇二〇年·岁次庚子

九月

11

农历七月廿四

星期五

王应睐(1907—2001)
生物化学家
人工合成转移核糖核酸的第一人

毕业于金陵大学。英国剑桥大学博士。

曾任金陵大学助教、讲师，中央大学医学院生化科教授。

公历二〇二〇年·岁次庚子

九月

12

农历七月廿五

星期六

金陵大学校门

公历二〇二〇年·岁次庚子

13

九月

农历七月廿六

星期日

20世纪30年代，金陵大学毕业生前往礼堂参加毕业典礼

公历二〇二〇年·岁次庚子

九月

14

农历七月廿七

星期一

赛珍珠(Pearl S. Buck，1892—1973)
美国作家

唯一一个同时获得“普利策奖”和“诺贝尔奖”的女作家，译介《水浒传》并推向世界。著有《大地》《东风·西风》《群芳庭》《异邦客》等。

毕业于美国伦道夫·梅康女子学院。
曾任金陵大学、东南大学、中央大学教授。

公历二〇二〇年·岁次庚子

15

九月

农历七月廿八

星期二

赛珍珠旧居

公历二〇二〇年·岁次庚子

九月

16

农历七月廿九

星期三

金陵大学拍摄电影《农人之春》剧照

本片荣获比利时布鲁塞尔“农村国际电影比赛会”特等奖第三名(1935年7月23日)，这是我国第一部参加国际比赛并获正式奖项的电影。

影片表现了江南春耕时节农民们的生产劳动和日常生活，尤其是片中牧牛娃在夕阳中吹笛而归的场景，强化了中国传统审美的田园诗意风格。

剧本创作：金陵大学魏学仁、章之汶、邵仲香、周明懿、潘澄侯、王振华等
导　　演：黄天佐
协助导演：金陵大学农学院教授邵仲香、周明懿
演　　员：威利、兰英、李英、吟特等

公历二〇二〇年·岁次庚子

17

九月

农历八月初一

星期四

1936年，孙科在金陵大学

公历二〇二〇年・岁次庚子

九月

18

农历八月初二

星期五

金陵大学校园远眺

公历二〇二〇年·岁次庚子

九月

19

农历八月初三

星期六

金陵大学小礼堂(特威纳姆教堂)

公历二〇二〇年·岁次庚子

20

九月

农历八月初四

星期日

柯象峰(1900—1983)
社会学家
在金陵大学建立社会学系(国内首创)

毕业于金陵大学。法国里昂大学博士。

曾任金陵大学社会学、经济学教授，南京大学外语系、经济系教授。

公历二〇二〇年 · 岁次庚子

21

九月

农历八月初五

星期一

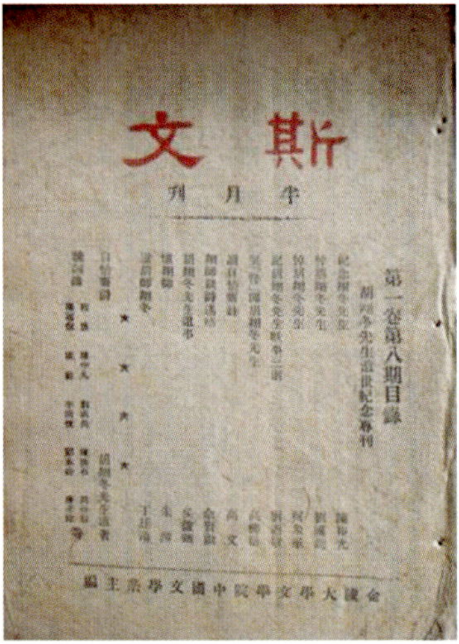

金陵大学文学院中国文学系主编的《斯文》半月刊

公历二〇二〇年·岁次庚子

秋分

九月二十二日

星期二

农历八月初六

金陵大学大礼堂正门

公历二〇二〇年·岁次庚子

九月

23

农历八月初七

星期三

金陵大学旧影

公历二〇二〇年·岁次庚子

九月

24

农历八月初八

星期四

20世纪30年代金陵大学全景

公历二〇二〇年·岁次庚子

九月

25

农历八月初九

星期五

建设中的金陵大学

公历二〇二〇年·岁次庚子

26

九月

农历八月初十

星期六

孙明经(右)在指导金陵大学影视专业学生拍摄电影

公历二〇二〇年・岁次庚子

九月

27

农历八月十一

星期日

金陵大学陶行知纪念展之一

公历二〇二〇年·岁次庚子

九月

28

农历八月十二

星期一

金陵大学陶行知纪念展之二

公历二〇二〇年·岁次庚子

九月

29

农历八月十三

星期二

金陵大学东大楼

公历二〇二〇年·岁次庚子

九月

30

农历八月十四

星期三

王绳祖(1905—1990)
历史学家

其牛津大学的硕士论文《马嘉里案和烟台条约》由牛津大学出版社出版。该书被美国历史学会编的《历史文献指南》列为研究中国国际关系史的必读参考书。

毕业于金陵大学。
曾任金陵大学历史系教授、系主任，金陵大学文学院院长，南京大学历史学系教授。

十月

金陵大学国乐团

公历二〇二〇年·岁次庚子

中秋

十月一日

农历八月十五

星期四

国庆节

金陵大学旧影，远处为紫金山

公历二〇二〇年·岁次庚子

十月

2

农历八月十六

星期五

陶园北楼旧影

公历二〇二〇年·岁次庚子

十月

3

农历八月十七

星期六

金陵大学校钟

公历二〇二〇年·岁次庚子

十月

4

农历八月十八

星期日

抗战前设在小陶园的金陵大学中国文化研究所

公历二〇二〇年·岁次庚子

十月

5

星期一

农历八月十九

金陵大学越野代表队合影

公历二〇二〇年·岁次庚子

十月

6

农历八月二十

星期二

金陵大学雪景

公历二〇二〇年·岁次庚子

十月

7

农历八月廿一

星期三

贝德士(M.S.Bates，1897—1978)
学者　美国传教士

南京大屠杀期间，他和拉贝、马吉等筹建“南京安全区国际委员会”；记录侵华日军在南京的暴行，并向英国《曼彻斯特卫报》记者田伯烈提供资料，编著《外人目睹中之日军暴行》，该书在英国出版，是最早向世界揭露侵华日军南京暴行的书籍；作为证人出席东京国际军事法庭对日本战犯的审判。因在南京大屠杀期间保护和救济中国难民，1948年元旦，国民政府明令授予贝德士襟绶景星勋章一枚，以资表彰。

毕业于美国海德姆学院，英国牛津大学硕士，美国哈佛大学博士。

曾任金陵大学教授、历史系主任、文学院院长、副校长，中央大学教授。

公历二〇二〇年·岁次庚子

寒露

十月八日

农历八月廿二

星期四

查尔斯·H.里格斯(Charles H.Riggs，生卒年不详)

南京安全区国际委员会委员，在金陵大学难民所救护难民。

美国人，金陵大学农艺学系教授。

公历二〇二〇年·岁次庚子

十月

9

农历八月廿三

星期五

罗伯特·威尔逊(Dr. Robert Ory Wilson, 1906—1967)
国际红十字会南京委员会委员

侵华日军南京大屠杀期间，协助南京安全区国际委员会工作。1937年12月3日到1938年2月21日，罗伯特·威尔逊是除日军之外“南京城内唯一的外科医生”，他不顾个人安危救死扶伤，夜以继日地救治了无数遭受日军枪击、刺伤、强奸、烧伤、炸伤的中国平民。1938年6月，威尔逊医生收到了南京市民赠送的刻有“爱众亲仁”的牌匾，感谢他与夫人对南京人民的生命救治。

抗战胜利后，威尔逊医生和大屠杀期间留守南京救护难民的外国侨民获得了中华民国政府颁发的襟绶景星勋章，以表彰他们崇高的人道主义精神。1946年，威尔逊医生赴远东国际军事法庭第一个出庭作证。

美国人，美国哈佛大学医学院博士。
曾任金陵大学(鼓楼)医院外科医生。

公历二〇二〇年·岁次庚子

10

十月

农历八月廿四

星期六

刘易斯·S.C.史迈士(L.C.Smythe，生卒年不详)
南京安全区国际委员会秘书

美国人，金陵大学教授。

公历二〇二〇年·岁次庚子

十月

11

农历八月廿五

星期日

C.S.特里默(Clifford Sharp Trimmer，1891—1974)

侵华日军南京大屠杀期间，C.S.特里默任南京安全区国际委员会成员、卫生委员会副主任，国际红十字会南京委员会成员。他留守南京金陵大学(鼓楼)医院，除任职鼓楼医院内科外还兼管产科和 X 光科，救助大量平民。

美国人，拉法耶特学院学士，宾夕法尼亚大学医学院硕士。

曾任金陵大学(鼓楼)医院内科医生。

公历二〇二〇年·岁次庚子

十月

12

农历八月廿六

星期一

格蕾丝·鲍尔(Grace Bauer，1896—?)

美国人。1919—1941年担任金陵大学(鼓楼)医院检验科主任，金陵大学医学院检验室讲师。

1937年侵华日军南京大屠杀期间，她和其他三位美国医生留守鼓楼医院，参与救治了难以计数的遭遇暴行的平民、伤兵和妇女儿童的生命。为表彰她大爱无私的人道主义精神，国民政府嘉奖其采玉勋章一枚。被救难民联合赠予她一面“慈善为怀”的锦旗以表感恩之心。

格蕾丝·鲍尔从1937年11月25日至1941年9月15日写下的厚达423页的日记，记录了她在鼓楼医院亲历的侵华日军暴行，被认为是侵华日军南京大屠杀的又一铁证。

公历二〇二〇年·岁次庚子

十月

13

农历八月廿七

星期二

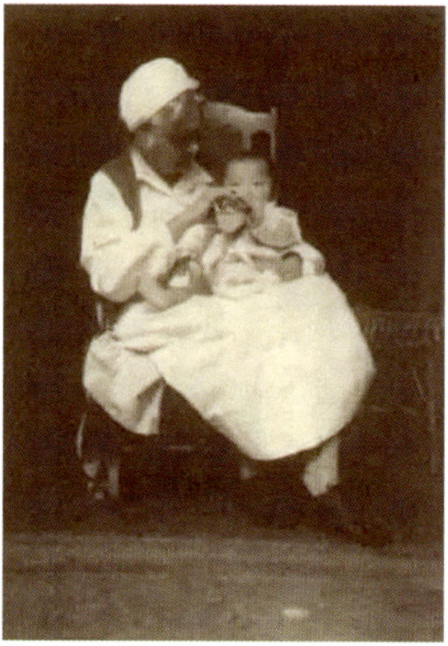

伊娃·海因兹(Iva Hynds，1872—?)

美国人。中文名韩应德，毕业于美国曼奈苏苔圣保罗城市医院护士学校。

1924年开始在金陵大学(鼓楼)医院任护士。南京沦陷期间，参与救治无数遭受侵华日军暴行的难民。

公历二〇二〇年·岁次庚子

十月

14

农历八月廿八

星期三

陈嵘(1888—1971)

林学家　林业教育家　树木分类学家

中国近代林业科学奠基人之一

中国树木分类学奠基人之一

南京沦陷期间，陈嵘受命留守金陵大学，保护校产以及留下来的教职工和家属。他还负责安全区内难民的救助工作，他利用自己在日本留学时的人脉，经过多次艰难的谈判，最终迫使侵华日军司令部在学校和收容所张贴布告，禁止日军闯入。保护了安全区内各难民收容所的难民。

日本北海道帝国大学留学。美国哈佛大学硕士。

曾任金陵大学森林系教授、系主任。

公历二〇二〇年·岁次庚子

15

十月

农历八月廿九

星期四

金陵大学教授刘易斯·S.C.史迈士与南京安全区国际委员会和国际红十字会南京委员会部分同事留影

在侵华日军对南京长达数月的屠杀中，南京安全区国际委员会和国际红十字会南京委员会庇护了数十万中国难民，并且以日记、报告、影像等方式保存了侵华日军的重要罪证。

左起：恩内斯特·福斯特(美国人，国际红十字会南京委员会秘书、美国圣公会牧师)，威尔逊·米尔士(美国人，安全区国际委员会委员、美国北方长老会牧师)，约翰·拉贝(德国人，安全区国际委员会主席、德国西门子洋行代表)，刘易斯·S.C.史迈士(美国人，安全区国际委员会秘书、金陵大学教授)，爱德华·史波林(德国人，安全区国际委员会委员、上海保险公司德籍代表)，克拉·波德希沃洛夫(白俄罗斯人，桑格伦电器商行职员)。

公历二〇二〇年·岁次庚子

十月

16

农历八月三十

星期五

1937年，南京国际安全区内的金陵大学难民收容所

公历二〇二〇年·岁次庚子

十月

17

农历九月初一

星期六

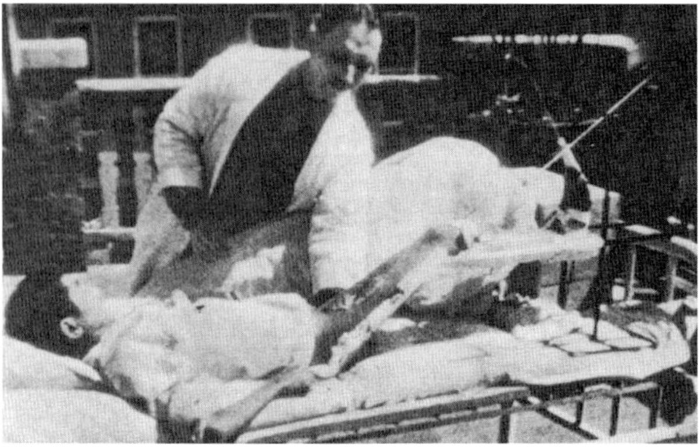

金陵大学(鼓楼)医院的美国医生罗伯特·威尔逊正在医治被日军击伤右腿的14岁儿童([美]约翰·马吉牧师拍摄，德国商人约翰·拉贝保存)

公历二〇二〇年·岁次庚子

十月

18

农历九月初二

星期日

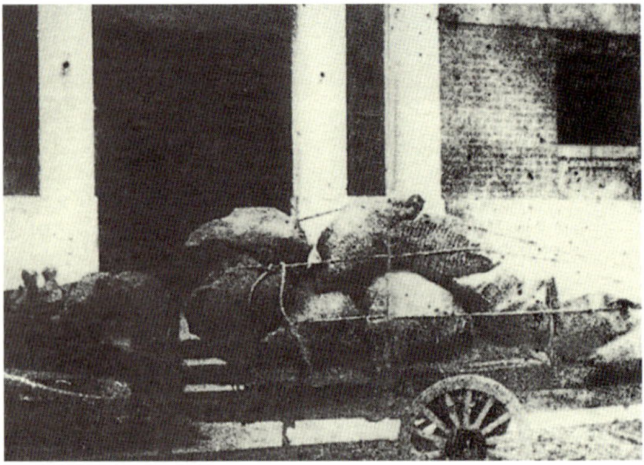

日军从金陵大学抢走的书籍

金陵大学中国文化学院被日军劫掠后的情形

公历二〇二〇年・岁次庚子

十月

19

农历九月初三

星期一

LIST OF REFUGEE CAMPS IN THE SAFETY ZONE

As of December 17, 1937

安全區內的難民營（十二月十七日以前）

Name of Building		Number of Refugees	Sex/Families
1. Old Ministry of Communications	交通部舊樓	10,000 or more	Families
2. Wutaishan Primary School	五臺山小學	1,640	Families
3. Hankow Road Primary School	漢口路小學	1,000	Families
4. Military College	陸軍大學	3,500	Families
5. Nanking Language School at Siao Tao Yuan	小桃園南京語言學校	200	Men
6. Military Chemical Shops	軍事化工廠	4,000	Families
7. University Middle Shcool	金陵大學附中	6,000 – 8,000	Families
8. Bible Teachers' Training School	聖經師資學校	3,000	Families
9. Overseas Building	華僑招待所	2,500	Families
10. Nanking Theological Seminary	南京神學院	2,500	Families
11. Ministry of Justice	司法部	Empty	
12. Supreme Court	最高法院	Empty	
13. Sericulture Building at U of Nanking	金陵大學蠶桑系	4,000	Families
14. Library Building at U of Nanking	金陵大學圖書館大樓	2,500	Families
15. German Club	德國俱樂部	500	Families
16. Ginling College	金陵女子文理學院	4,000	Women & children
17. Law College	法學院	500	Families
18. Rural Leaders' Training School	農村師資訓練學校	1,500	Families
19. Shansi Road Primary School	山西路小學	1,000	Families
16. U of Nanking dormitories	金陵大學宿舍	1,000	Women & children
Total Persons		49,340 – 51,340*	

南京国际安全区难民收容所一览表(1937年12月17日前)

侵华日军南京大屠杀期间，南京安全区国际委员会在金陵大学(包括金陵大学蚕厂、图书馆、农科作物系、宿舍和附中五处)设立了最大的难民收容所，收容难民最多时达3万余人。金陵大学收容所除了为难民们开设课程，还办小学、农民学校以及识字学校。

公历二〇二〇年·岁次庚子

十月

20

农历九月初四

星期二

1938年，美国牧师约翰·马吉与金陵大学(鼓楼)医院工作人员合影

公历二〇二〇年·岁次庚子

21

十月

农历九月初五

星期三

1939年2月，农产促进委员会推广人员合影。前排中为金陵大学农学院院长章之汶

公历二〇二〇年·岁次庚子

22

十月

农历九月初六

星期四

1939年3月，金陵大学师生在华西坝露天吃饭

公历二〇二〇年·岁次庚子

霜降

十月二十三日

星期五

农历九月初七

1939年6月，金陵大学电影与播音部孙明经老师拍摄《西康一瞥》时，在雅安拍摄的这只熊猫成为第一只上电影的熊猫

公历二〇二〇年 · 岁次庚子

24

十月

农历九月初八

星期六

1940年，沦陷区的金陵大学校门及东大楼

公历二〇二〇年 · 岁次庚子

十月二十五日

重阳

星期日

农历九月初九

1940年，五所学校校长合影：从左至右依次为燕京大学代理校长梅贻宝、金陵女子文理学院校长吴贻芳、金陵大学校长陈裕光、华西协和大学校长张凌高、齐鲁大学校长汤吉禾

公历二〇二〇年·岁次庚子

26

十月

农历九月初十

星期一

金陵大学西迁成都后的校舍

公历二〇二〇年·岁次庚子

27

十月

农历九月十一

星期二

吕叔湘(左)(1904—1998)
语言学家
1955年被选聘为中国科学院学部委员

毕业于东南大学外国语文系。先后在英国牛津大学人类学系、伦敦大学图书馆学科学习。

曾任金陵大学中国文化研究所研究员、中央大学中文系教授。

公历二〇二〇年·岁次庚子

十月

28

农历九月十二

星期三

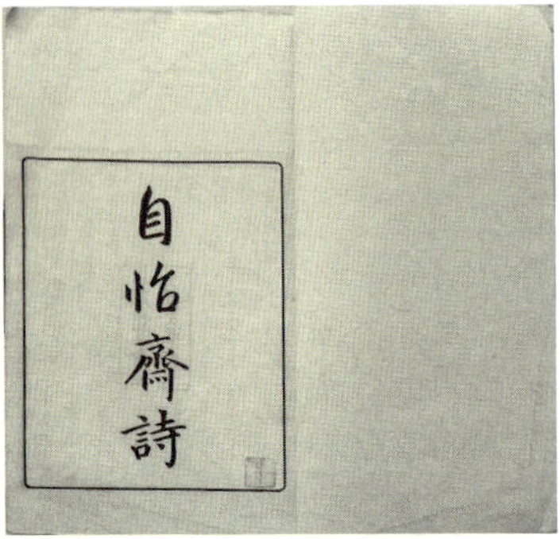

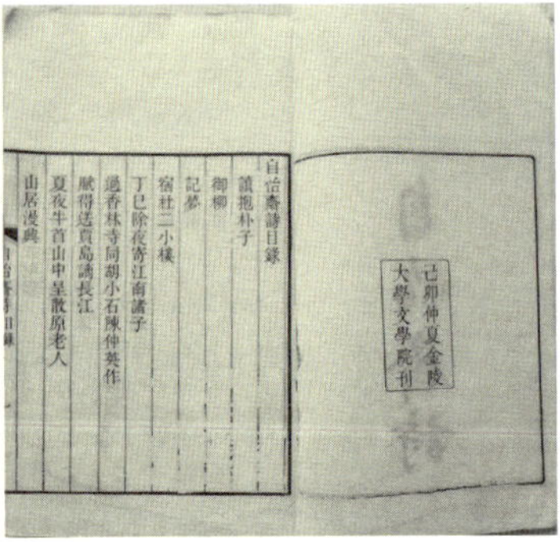

20世纪40年代，金陵大学文学院刊行的本院中文系胡翔冬先生的《自怡斋诗》(线装本)，收录胡先生入川前诗作八十余篇，成都宝墨轩杨子霖书镌。

公历二〇二〇年·岁次庚子

十月

29

农历九月十三

星期四

沈祖棻(1909—1977)
词人　诗人　文学家　文论家
格律体新诗先驱诗人之一

毕业于中央大学，后入金陵大学国学研究班。
曾任金陵大学教授。

公历二〇二〇年·岁次庚子

十月

30

农历九月十四

星期五

金陵大学西迁成都后的校园

公历二〇二〇年·岁次庚子

十月

31

农历九月十五

星期六

程千帆(1913—2000)
文史学家　教育家　诗人

他是一位以学术为第一生命的学者，在校雠学、古代文学、古代文学批评等领域成就卓著。

毕业于金陵大学中文系。
曾任金陵大学中文系副教授，南京大学中文系教授、博士生导师。

十二月

金陵大学电影放映室(成都校园)

公历二〇二〇年·岁次庚子

1

十一月

星期日

农历九月十六

吕锦瑗(1912—2000)
摄影化学家

中国现代摄影化学的先驱者，最早于国内开设摄影化学课。1941年，研制成功了第一幅可装到相机上实拍使用的照相底片，以及中国第一张可用于诊断骨折的X射线感光片。她拍摄的第一张X光片照片，现保存于美国耶鲁大学图书馆。

毕业于金陵女子文理学院。

曾任金陵大学理学院电化教育专修科教师、国民政府教育部和金陵大学理学院联合创办的《电影与播音》月刊编委。

公历二〇二〇年·岁次庚子

十一月

2

星期一

农历九月十七

金陵大学理学院电化教育专修科教师吕锦瑷和孩子们

公历二〇二〇年·岁次庚子

十一月

3

星期二

农历九月十八

魏荣爵(1916—2010)
声学家
1980年当选为中国科学院学部委员
创立了我国第一个声学专业
中国声学事业的开创者之一

1937年毕业于金陵大学。美国伊利诺大学物理学硕士，加利福尼亚大学哲学博士。曾任美国加利福尼亚大学研究员、客座教授，中国声学学会名誉理事长，美国Los Alamas国家实验室顾问，美国声学学会会士，国际非线性声子、声学教育等委员会委员。

历任金陵大学教授，南京大学物理系教授、系主任、声学研究所所长。

公历二〇二〇年·岁次庚子

十一月

4

星期三

农历九月十九

金陵大学代表在军营看望入伍学生

公历二〇二〇年·岁次庚子

十一月

5

星期四

农历九月二十

1944年，金陵大学学生与教授电影、收音课程的美国战地摄影师合影于成都

公历二〇二〇年·岁次庚子

6

十一月

星期五

农历九月廿一

1944年，金陵大学农学院成立30周年纪念陈列展览

公历二〇二〇年·岁次庚子

立冬

十一月七日

农历九月廿二

星期六

1945年金陵大学的职工住宅区

公历二〇二〇年·岁次庚子

8

十一月

星期日

农历九月廿三

金陵大学农学院手纺车

公历二〇二〇年·岁次庚子

9

十一月

农历九月廿四

星期一

金陵大学农学院实践课

公历二〇二〇年·岁次庚子

十一月

10

农历九月廿五

星期二

1945年，圣诞节时的金陵大学职工子女

公历二〇二〇年·岁次庚子

11

十一月

星期三

农历九月廿六

1946年，金陵大学迁回南京途中

公历二〇二〇年·岁次庚子

12

十一月

农历九月廿七

星期四

金陵大学校门前堆放着从成都迁回的物资

公历二〇二〇年·岁次庚子

13

十一月

农历九月廿八

星期五

1946年开学时，金陵大学的学生们在教务处注册

公历二〇二〇年·岁次庚子

14

十一月

星期六

农历九月廿九

金陵大学学生校园生活

公历二〇二〇年 · 岁次庚子

15

十一月

星期日

农历十月初一

金陵大学东大楼

公历二〇二〇年・岁次庚子

16

十一月

星期一

农历十月初二

金陵大学军乐队

公历二〇二〇年·岁次庚子

17

十一月

星期二

农历十月初三

金陵大学视听中心旧影

公历二〇二〇年·岁次庚子

十一月

18

星期三

农历十月初四

金陵大学16毫米教学用电影胶片库

公历二〇二〇年·岁次庚子

19

十一月

星期四

农历十月初五

金陵大学体育馆

公历二〇二〇年·岁次庚子

20

十一月

星期五

农历十月初六

金陵大学大礼堂前的合影

公历二〇二〇年·岁次庚子

21

十一月

星期六

农历十月初七

金陵大学校园旧影

公历二〇二〇年·岁次庚子

小雪

十一月二十二日

星期日

农历十月初八

金陵大学学生自治会竞选

公历二〇二〇年·岁次庚子

23

十一月

农历十月初九

星期一

金陵大学校门

公历二〇二〇年·岁次庚子

十一月

24

星期二

农历十月初十

金陵大学田径队

公历二〇二〇年·岁次庚子

25

十一月

农历十月十一

星期三

金陵大学小礼堂旧影

公历二〇二〇年·岁次庚子

26

十一月

农历十月十二

星期四

感恩节

孙明经在金陵大学小礼堂前自拍“全家福”

公历二〇二〇年·岁次庚子

27

十一月

农历十月十三

星期五

健忠楼旧影

公历二〇二〇年·岁次庚子

28

十一月

农历十月十四

星期六

金陵大学农学院农业工程学系挂牌

公历二〇二〇年·岁次庚子

29

十一月

星期日

农历十月十五

贴满竞选标语的金陵大学校门

公历二〇二〇年·岁次庚子

30

十一月

星期一

农历十月十六

金陵大学图书馆

十二月

金陵大学北大楼

公历二〇二〇年·岁次庚子

十二月

1

星期二

农历十月十七

金陵大学网球场

公历二〇二〇年·岁次庚子

十二月

2

星期三

农历十月十八

金陵大学电化教育科课堂

公历二〇二〇年・岁次庚子

十二月

3

农历十月十九

星期四

金陵大学校长陈裕光宴请毕业生

公历二〇二〇年・岁次庚子

十二月

4

星期五

农历十月二十

金陵大学西大楼

公历二〇二〇年·岁次庚子

5

十二月

星期六

农历十月廿一

金陵大学“师生员工团结晚会”

公历二〇二〇年・岁次庚子

6

十二月

星期日

农历十月廿二

金陵大学鼓楼医院全景

公历二〇二〇年·岁次庚子

十二月七日

大雪

农历十月廿三

星期一

金陵大学校园

公历二〇二〇年·岁次庚子

十二月

8

农历十月廿四

星期二

小礼堂前的旧影

公历二〇二〇年·岁次庚子

十二月

9

农历十月廿五

星期三

1947年年初，金陵大学学生抗议美军暴行

公历二〇二〇年·岁次庚子

10

十二月

星期四

农历十月廿六

金陵大学北大楼

公历二〇二〇年 · 岁次庚子

十二月

11

星期五

农历十月廿七

金陵大学历史学系教授贝德士(Miner Searle Bates，1897—1978)在远东国际军事法庭就侵华日军南京大屠杀案作证

公历二〇二〇年·岁次庚子

12

十二月

星期六

农历十月廿八

许传音在远东国际军事法庭作证

南京沦陷期间许传音加入南京安全区国际委员会，主持安全区难民的住房安排工作。同时任中国红十字南京分会副会长、国际红十字会副会长以及国际救济委员会唯一中方委员。曾赴远东国际军事法庭作证。

毕业于金陵大学的前身汇文书院，获农学士学位，留校任教。美国伊利诺伊州立大学经济学(铁路管理方向)博士。

曾任金陵大学(鼓楼)医院副院长。

公历二〇二〇年·岁次庚子

13

十二月

星期日

国家公祭日

农历十月廿九

1947年2月6日，金陵大学教授刘易斯·S.C.史迈士和贝德士在“国防部审判战犯军事法庭”上作证

公历二〇二〇年·岁次庚子

14

十二月

农历十月三十

星期一

1947年，金陵大学学生在玄武湖合影(贝德士收藏)

公历二〇二〇年·岁次庚子

15

十二月

星期二

农历冬月初一

金陵大学鼓楼医院护校毕业学生

公历二〇二〇年·岁次庚子

16

十二月

星期三

农历冬月初二

1947年5月20日，中央大学、金陵大学学生与京、沪、苏、杭学生一起，在南京举行“挽救教育危机，反对饥饿，反对内战”的示威游行，在珠江路口遭军警镇压。

公历二〇二〇年·岁次庚子

17

十二月

星期四

农历冬月初三

金陵大学校园雪景

公历二〇二〇年·岁次庚子

18

十二月

星期五

农历冬月初四

金陵大学电工学会会员合影

公历二〇二〇年·岁次庚子

19

十二月

农历冬月初五

星期六

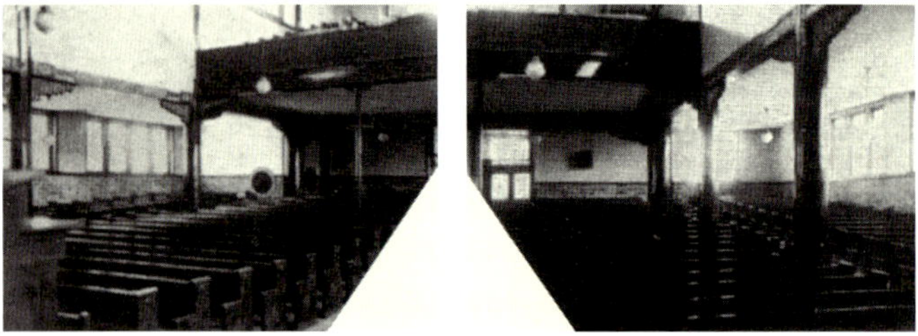

金陵大学大礼堂内景

公历二〇二〇年·岁次庚子

十二月

20

星期日

农历冬月初六

1948年，金陵大学60周年校庆旧影之一

公历二〇二〇年·岁次庚子

十二月二十一日

冬至

星期一

农历冬月初七

1948年，金陵大学60周年校庆旧影之二

公历二〇二〇年·岁次庚子

十二月

22

农历冬月初八

星期二

金陵大学学生参加抗战12周年纪念游行

公历二〇二〇年·岁次庚子

23

十二月

星期三

农历冬月初九

金陵大学庆祝南京解放

公历二〇二〇年・岁次庚子

24

十二月

农历冬月初十

星期四

平安夜

金陵大学参加西南服务团的人员在北大楼前合影

公历二〇二〇年·岁次庚子

十二月

25

农历冬月十一

星期五

圣诞节

金陵大学与金陵女子文理学院合并后，学生们庆祝“新金大”的诞生

公历二〇二〇年·岁次庚子

26

十二月

农历冬月十二

星期六

北大楼迎来新时代

公历二〇二〇年·岁次庚子

27

十二月

星期日

农历冬月十三

1950年金陵大学春季运动会入场式

公历二〇二〇年·岁次庚子

28

十二月

星期一

农历冬月十四

1952年，南京大学校门前留影

公历二〇二〇年·岁次庚子

29

十二月

星期二

农历冬月十五

《南大故事》主题文创笔记本(6册)
百年南大的集体记忆

《永远的先生》
《象牙塔里的猫》
《雪人记》
《故园》
《向西，向西》
《南大饭堂》

公历二〇二〇年·岁次庚子

30

十二月

农历冬月十六

星期三

《南大记忆2019》日历，开创中国著名高校人文主题日历先河

公历二〇二〇年·岁次庚子

31

十二月

农历冬月十七

星期四

图书在版编目（CIP）数据

南大记忆2020 / 杨小民编. -- 南京：南京大学出版社，2019.5

ISBN 978-7-305-21812-5

Ⅰ. ①南… Ⅱ. ①杨… Ⅲ. ①南京大学－校史－史料 Ⅳ. ①G649.285.31

中国版本图书馆CIP数据核字（2019）第051073号

出版发行　南京大学出版社
社　　址　南京市汉口路22号　　邮编　210093
网　　址　http://www.NjupCo.com
出 版 人　金鑫荣

书　　名　南大记忆2020
编　　者　杨小民
责任编辑　陆蕊含　　编辑热线　025-83592401

策　　划　杨小民

照　　排　南京紫藤制版印务中心
印　　刷　南京爱德印刷有限公司
开　　本　740×900　1/32　印张　23.625　字数　200千
版　　次　2019年5月第1版　2019年5月第1次印刷
ISBN 978-7-305-21812-5
定　　价　98.00元

网址：http://www.njupco.com
官方微博：http://weibo.com/njupco
官方微信号：njupress
销售咨询热线：（025）83594756